Für helle Köpfe

Rita Steininger

Für helle Köpfe

Fitness fürs Gehirn

Patmos Verlag

Wichtiger Hinweis:
Die in diesem Buch enthaltenen Informationen, Hinweise und Übungen wurden nach bestem Wissen der Autorin erstellt und sorgfältig geprüft. Sie ersetzen jedoch nicht den persönlich eingeholten (psycho-)therapeutischen oder medizinischen Rat. Verlag und Autorin können für Irrtümer oder etwaige Schäden, die aus der Anwendung der dargestellten Informationen, Hinweise oder Übungen resultieren, keine Haftung übernehmen. Deren Nutzung bzw. Durchführung erfolgt auf eigene Verantwortung der Leserinnen und Leser.

MIX
Papier aus verantwortungsvollen Quellen
FSC® C083411
www.fsc.org

Für die Verlagsgruppe Patmos ist Nachhaltigkeit ein wichtiger Maßstab ihres Handelns. Wir achten daher auf den Einsatz umweltschonender Ressourcen und Materialien.

Bibliografische Information der Deutschen Nationalbibliothek
Die Deutsche Nationalbibliothek verzeichnet diese Publikation in der Deutschen Nationalbibliografie; detaillierte bibliografische Daten sind im Internet über http://dnb.d-nb.de abrufbar.

ein Unternehmen der Verlagsgruppe Patmos
in der Schwabenverlag AG, Ostfildern
www.patmos.de

Umschlaggestaltung: Finken & Bumiller, Stuttgart
Druck: CPI books GmbH, Leck
Hergestellt in Deutschland
ISBN 978-3-8436-0937-1

Für Silvia

Inhalt

Einleitung

»Hundert Menschen schärfen ihren Säbel, Tausende ihre Messer, aber Zehntausende lassen ihren Verstand ungeschärft, weil sie ihn nicht üben.« Dieser Vergleich des Schweizer Pädagogen Johann Heinrich Pestalozzi (1746–1827) weckt nicht unbedingt angenehme Vorstellungen, doch er zeigt: Die Erkenntnis, dass sich geistige Fähigkeiten trainieren lassen, ist alles andere als neu.

Trotzdem hat es geraume Zeit gedauert, bis sich das Thema Gehirntraining zu einem eigenständigen – inzwischen sehr gefragten – wissenschaftlichen Forschungsgebiet entwickelte. Das könnte u.a. damit zusammenhängen, dass man noch vor einigen Jahrzehnten glaubte, das Gehirn höre im Erwachsenenalter zu wachsen auf und bleibe von da an in seiner Struktur unverändert. Doch dank der sogenannten bildgebenden Verfahren ist die Neurowissenschaft inzwischen zu atemberaubenden neuen Erkenntnissen gelangt.

Unser Gehirn ist alles andere als ein starres Gebilde. Das gigantische Netzwerk in unserem Kopf weist vielmehr eine enorme Flexibilität auf. Zwar sind einzelne Hirnareale auf bestimmte Funktionen spezialisiert, doch an jeder Funktion und jeder Aktion sind stets mehrere Gehirnregionen beteiligt, die die jeweilige Aufgabe gewissermaßen in Teamarbeit erfüllen. Das bedeutet: Wenn eine Stelle im Gehirn beeinträchtigt ist, können andere Bereiche zumindest teilweise deren Aufgabe übernehmen. Und wenn mit fortschreitendem Alter die geistigen Kräfte nachlassen, werden immer größere Bereiche des Gehirns zum Lösen einer Aufgabe herangezogen, um die schwindenden Funktionen so gut es geht zu kompensieren.

Das ist noch nicht alles. Heute weiß man, dass das Gehirn selbst im fortgeschrittenen Alter immer neue Fähigkeiten erlernen und lebenslang neuronale Verknüpfungen und sogar neue Nervenzellen bilden kann. Das geschieht jedoch nicht von allein, sondern nur unter einer entscheidenden Voraussetzung: Das Gehirn muss kontinuierlich und möglichst vielseitig trainiert werden.

Kontinuierlich bedeutet: Genauso wie der Körper täglich Nahrung benötigt, braucht auch das Gehirn regelmäßige Trainingsreize, um fit und leistungsfähig zu sein. Gehirnfitness ist somit ein Thema, das alle angeht, nicht nur Menschen im fortgeschrittenen Alter.

Dabei ist der Begriff Gehirnfitness keineswegs als Synonym für Gehirnjogging zu verstehen. Denn Denksportaufgaben wie Gedächtnisübungen oder Logikrätsel sind nur ein kleiner, relativ unbedeutender Teil der vielfältigen Möglichkeiten, die wir nutzen können und sollten, um unser geistiges Potenzial zu vergrößern.

Dieses Buch bietet Ihnen einen Überblick über die wichtigsten dieser Möglichkeiten. Dazu gibt es eine Sammlung von Übungen und Spielen zum Ausprobieren, mit denen Sie den Grundstock für Ihr eigenes, individuell zusammengestelltes Trainingsprogramm legen können. Doch auch wenn Sie die Notwendigkeit eines anspruchsvollen, vielseitigen Gehirntrainings unbedingt ernst nehmen sollten: Beherzigen Sie auch die Empfehlung in Kapitel 2 und lassen Sie den Spaß nicht zu kurz kommen!

Viel Freude, Motivation und schöne Erfolgserlebnisse bei Ihrem persönlichen Gehirntraining wünscht Ihnen

Rita Steininger

I. Geistige Fitness im Fokus der Forschung

In den vergangenen Jahren hat die Neurowissenschaft viele neue Erkenntnisse darüber gesammelt, wie sich das menschliche Gehirn im Lauf des Lebens verändert, welche Faktoren dabei eine Rolle spielen und wie sich das Nachlassen der kognitiven Fähigkeiten verhindern beziehungsweise kompensieren lässt.

Denn dass die Geisteskräfte mit der Zeit schwinden, daran besteht kein Zweifel. Und dieser Prozess beginnt keineswegs erst im fortgeschrittenen Alter, sondern bereits mit Ende 20. Das betrifft vor allem das Arbeitsgedächtnis, das alle Informationen im Bewusstsein hält, die wir augenblicklich brauchen und benutzen. Von ihm hängt unsere Denkgeschwindigkeit ab, insbesondere die Fähigkeit zum Fokussieren und Auswählen. Bei 25-Jährigen ist das Arbeitsgedächtnis in Höchstform: Sie können bis zu sieben Informationen gleichzeitig verarbeiten, während es bei 55-Jährigen nur noch etwa fünf Informationen sind.[1]

Dennoch haben wir allen Grund, optimistisch zu sein. Denn das Gehirn besitzt erstaunliche Fähigkeiten, Defizite zu kompensieren. Es ist viel plastischer, als man noch zu Beginn der 1990er-Jahre glaubte. Es kann bis ins Alter immer neue Fähigkeiten erlernen und sogar lebenslang neue Nervenzellen und neuronale Verknüpfungen bilden.

Lernen lässt neue Zellen sprießen

Wissenschaftliche Untersuchungen haben gezeigt, dass neue Neurone beim erwachsenen Menschen noch in zwei Hirnregionen gebildet werden: im Riechkolben, dem Areal, das für unseren Geruchs- und den Geschmackssinn verantwortlich ist, und im Hippocampus. Der Hippocampus, ein paarig angelegtes Areal tief im Inneren der beiden Hirnhälften, verdankt seinen Namen seiner besonderen Form, die entfernt an ein Seepferdchen *(Hippocampus)* erinnert. Der Hippocampus ist für das Speichern neuer Informationen und das Langzeitgedächtnis zuständig und spielt damit eine bedeutende Rolle für alle Lernvorgänge.

Das Gehirn des Londoner Taxifahrers

Großes Aufsehen erregte vor geraumer Zeit eine Studienreihe, die ein Forscherteam um die Neurowissenschaftlerin Eleanor Maguire am University College London durchführte. Mittels Magnetresonanztomographie (MRT) untersuchten die Wissenschaftler Ende der 1990er-Jahre die Gehirne von 16 männlichen Londoner Taxifahrern. Dabei fanden sie heraus, dass der posteriore (hintere) Teil des Hippocampus bei ihnen größer war als bei 50 anderen männlichen Probanden, die keine Taxifahrer waren.

Einige Jahre später führte Maguire eine weitere Studie durch, in der sie die Gehirne von Londoner Taxifahrern mit denen von Londoner Busfahrern verglich. Dabei stellte sich heraus, dass der posteriore Hippocampus bei den Taxifahrern ebenfalls deutlich größer war als bei den Busfahrern. Maguire schrieb dieses Ergebnis der Tatsache zu, dass Taxifahren sehr hohe Anforderungen an die Ortskenntnisse und das räumliche Orientierungsvermögen stellt. Busfahrer dagegen bewegen sich auf immer gleichen Strecken und sind daher nicht gezwungen, bei jeder Fahrt den jeweils günstigsten Weg zwischen Fahrt und Ziel zu wählen.

Eine weitere Studie führte das Forscherteam mit 79 männlichen Probanden durch, die alle kurz vor dem Beginn einer Taxifahrerausbildung in London standen. 31 Männer im vergleichbaren Alter, die nicht an dieser Ausbildung teilnahmen, bildeten die Kontrollgruppe. Zu Beginn der Ausbildung ließen sich in den MRT-Scans keine Größenunterschiede im posterioren Hippocampus der Auszubildenden im Vergleich zur Kontrollgruppe nachweisen. Vier Jahre später wurden die Probanden erneut untersucht. Inzwischen hatten 41 Männer der Ausbildungsgruppe ihre Prüfung erfolgreich abgelegt und arbeiteten bereits als lizensierte Taxifahrer in London. Die übrigen Probanden derselben Gruppe hatten ihre Ausbildung vorzeitig abgebrochen oder waren bei den Prüfungen durchgefallen. So waren aus der Gruppe der ehemaligen Auszubildenden zwei Gruppen entstanden, die das Forscherteam nun sowohl miteinander als auch mit der Kontrollgruppe vergleichen konnte.

Als 2011 das Ergebnis der Studie vorgelegt wurde, war die Sensation perfekt: In der Gruppe der Männer mit erfolgreichem Ausbildungsabschluss hatte sich das Volumen des posterioren Hippocampus deutlich vergrößert – und zwar nicht nur im Gegensatz zur Kontrollgruppe, sondern auch zur Gruppe der Probanden, die ihre Ausbildung abgebrochen oder sich nicht ausreichend auf die Prüfung vorbereitet hatten.

Dieses Ergebnis gilt seither als Beweis dafür, dass sich das menschliche Gehirn durch intensives Lernen vergrößern kann.[2]

Lohnende Prüfungsvorbereitung

Ein Forscherteam der Universität Regensburg führte vor einigen Jahren eine Studie mit 38 Medizinstudenten durch, die sich auf ihr Physikum vorbereiteten. Diese Prüfung erfordert intensives Lernen, denn sie umfasst mehr als 300 Multiple-Choice-Fragen aus den Fächern Physik, Chemie, Anatomie, Biologie, Psychologie und Soziologie.

Zu Beginn der Vorbereitungsphase wurde bei den Studierenden ein erster Hirnscan vorgenommen, ein zweiter folgte unmittelbar nach der Prüfung und eine dritter nach weiteren drei Monaten. Parallel dazu wurde eine Kontrollgruppe ebenfalls per Hirnscan untersucht; sie setzte sich aus Studierenden zusammen, die sich auf keine Prüfung vorbereiten mussten.

Die Studie erbrachte ein beeindruckendes Ergebnis: Das Gehirn der Prüfungskandidaten hatte sich im Hippocampus und in den Schläfenlappen (die neben dem Hippocampus für das Gedächtnis zuständig sind) deutlich vergrößert. Und dieser Zuwachs ließ sich nicht nur unmittelbar nach der Prüfung nachweisen, sondern auch noch drei Monate später. Letzteres lässt vermuten, dass neue Gehirnzellen, die durch Lernen entstehen, auch eine lange Lebensdauer haben.

Kann Bildung vor Demenzerkrankung schützen?

Studienergebnisse deuten darauf hin, dass es tatsächlich einen Zusammenhang zwischen dem Bildungsgrad und dem Risiko einer späteren Demenzerkrankung gibt. Ein Forscherteam der Cambridge University analysierte die Gehirne von 872 Verstorbenen, die zuvor Angaben über ihre Ausbildung und Gesundheit gemacht und an kognitiven Tests teilgenommen hatten. Die Analyse der Gehirne ergab, dass sich mit jedem zusätzlichen Schul- und Studienjahr das Risiko, im Alter an Demenz zu erkranken, um elf Prozent verringert. Das bedeutet nicht, dass eine bessere Bildung die Proteinablagerungen (Plaques) im Gehirn verhindern kann, die als Auslöser für die Alzheimer-Erkrankung gelten. Doch während die Probanden mit niedrigerem Bildungsstand schon bei geringen pathologischen Hirnveränderungen kognitive Einbußen zeigten, konnten die Gehirne der höher gebildeten Personen die Effekte solcher Ablagerungen offenbar besser kompensieren: Bei ihnen trat eine Demenzerkrankung erst bei größeren Hirnveränderungen in Erscheinung.[3]

Daraus kann man schließen, dass eine lang andauernde, intensive geistige Betätigung, am besten von Jugend an, tatsächlich die Chance bietet, den Beginn einer Demenzerkrankung im Alter hinauszuzögern. Besonders empfohlen wird die Kombination von geistiger Tätigkeit und Sport. Durch sie verzögert sich nach Meinung mancher Experten der Beginn einer Demenz um sechs bis sieben Jahre.[4]

Gute Aussichten für Sportsfreunde

Der Zusammenhang zwischen sportlicher Bewegung und geistiger Leistungsfähigkeit ist in den letzten Jahren immer mehr in den Fokus der Wissenschaft gerückt. Im Folgenden wird nur eine kleine Auswahl der zahlreichen Untersuchungen vorgestellt, die sich mit der kognitiven Leistungsfähigkeit von Kindern, Jugendlichen, Erwachsenen und Senioren befassen.

Mit sportlichem Einsatz zu besseren Schulnoten

Ein Forscherteam der Vrije Universiteit Amsterdam erstellte vor einigen Jahren eine Meta-Analyse auf Basis von 472 Fachartikeln, die zwischen 1990 und 2010 erschienen waren. Die Artikel beruhten auf diversen Studien, die sich alle mit dem Zusammenhang von sportlicher Bewegung und den schulischen Leistungen von Kindern und Jugendlichen befassten. Dabei erwiesen sich 14 Beiträge als aussagekräftig genug, um näher analysiert zu werden. Das Forscherteam kam nach Auswertung dieser 14 Artikel zu dem Ergebnis, dass Kinder und Jugendliche in der Schule eindeutig bessere Noten erzielten, wenn sie ausreichend Sport trieben.[5]

Kreativer dank Parkour-Training

Vor einigen Jahren ging man in einer Untersuchung mit Studierenden der Frage nach, wie sich die Wahl einer Sportart auf die geistige Leistungsfähigkeit auswirkt. Im Verlauf der Studie erhielten 36 der jungen Probanden einmal pro Woche ein 90-minütiges Parkour-Training, während die Teilnehmenden einer Kontrollgruppe zur gleichen Zeit Dauerläufe absolvierten. Als Ergebnis stellte sich heraus, dass Ausdauersport einen geringeren Einfluss auf die kreative Denkleistung hat als die Trendsportart Parkour, bei der es darum geht, sich schnell, elegant und effizient durch urbane und natürliche Räume zu bewegen, ohne vorhandene Wege zu benutzen. Die Forscher begründeten die unterschiedlichen Ergebnisse damit, dass Parkour im Vergleich zu Ausdauertraining wesentlich höhere Anforderungen an das kreative Denken stellt.[6] Ganz allgemein erfordert Parkour ein hohes Maß an Körperbeherrschung, Konzentration und Disziplin.

Starke Beine – fitter Geist

Zwischen 1999 und 2009 befassten sich Forscher des Kings College in London mit dem Zusammenhang von körperlicher und geistiger Fitness ab der Lebensmitte. Dazu wurden insgesamt 324 Frauen im Alter zwischen 42 und 73 Jahren untersucht. Die Besonderheit dieser Studie: Als Teilnehmerinnen hatte man ausschließlich eineiige Zwillinge ausgewählt, da sich deren körperliche und geistige Unterschiede besonders gut dokumentieren und gleichzeitig genetische Faktoren ausschließen ließen. Die Frauen wurden zu Beginn und am Ende der Studie auf verschiedene Merkmale für kognitive Leistungen, Lernfähigkeit und Gedächtnis untersucht.

Am Ende kamen die Forscher zu folgendem Ergebnis: Bei den Zwillingspaaren, deren Beinmuskulatur unterschiedlich stark ausgeprägt war, zeigte sich am Ende der Studie ein deutlicher Unterschied in ihren geistigen Fähigkeiten und ihrer Gehirnstruktur. Der Zwilling, der dank besserer sportlicher Bewegung über eine kräftigere Beinmuskulatur verfügte, wies auch eine höhere geistige Fitness auf. Das Fazit der Studie: Sportliche Bewegung, die die Beine kräftigt (wie z.B. Laufen, Gehen oder Gymnastik), kann helfen, das Gehirn gegen geistiges Altern zu schützen. Unklar blieb dabei, ob es tatsächlich auf die Kraft der Beine ankommt oder ob das Ergebnis der Studie der Tatsache zuzuschreiben ist, dass in den Beinen besonders viel Muskelmasse steckt.[7]

Mit Ausdauer den Geist trainieren – solange es geht

Dass regelmäßiges Ausdauertraining die Strukturen und Funktionen des Gehirns bei jüngeren Menschen ebenso wie bei Senioren verbessern kann, haben verschiedene Studien belegt. So ergab eine Studie des Jacobs Centers für Lebenslanges Lernen der Jacobs University in Bremen, dass ausdauertrainierte Menschen besser als Untrainierte in der Lage sind, ihre geistigen Fähigkeiten optimal zu nutzen. Doch das ist nicht alles: Die Forscher konnten zeigen, dass die positiven Trainingseffekte nahezu linear zum Trainingszeitraum ansteigen. Das heißt, je länger das Training dauert, desto größer der Effekt.[8]

Vor einigen Jahren gab es außerdem eine gemeinsame Studie des Deutschen Zentrums für Neurodegenerative Erkrankungen der Otto-von-Guericke-Universität Magdeburg und des Leibniz-Instituts für Neurobiologie Magdeburg, die sich mit dem potenziellen Einfluss sportlicher Aktivitäten auf die geistigen Fähigkeiten von älteren Menschen befasste. Die 40 Testpersonen, die zwischen 60 und 77 Jahre alt und zu Beginn der Studie alle untrainiert waren, wurden in zwei Gruppen aufgeteilt: Die eine Gruppe trainierte drei Monate lang regelmäßig auf dem Laufband, die übrigen Probanden absolvierten nur Muskeldehnungsübungen. Im Oktober 2014 wurde das Ergebnis vorgelegt: Bei 78 Prozent der Laufgruppe, die zwischen 60 und 70 Jahre alt waren, ließ sich eine verbesserte Durchblutung des Hippocampus feststellen, der Gehirnregion also, die für das Gedächtnis wichtig ist. Tatsächlich verbesserte sich das visuelle Gedächtnis dieser Teilnehmer insofern, als sie sich abstrakte Abbildungen besser einprägen konnten als vor Beginn des Lauftrainings. Anders sah es bei den über 70-Jährigen derselben Gruppe aus: Bei ihnen blieb die positive Wirkung des Lauftrainings ebenso wie bei den Mitgliedern der Kontrollgruppe weitgehend aus. So lautete das Fazit der Studie: Sportliche Bewegung kann bei älteren Menschen sowohl die Gehirndurchblutung als auch bestimmte Gedächtnisleistungen verbessern – allerdings scheint der positive Trainingseffekt nach Überschreiten des siebten Lebensjahrzehnts stark nachzulassen.[9]

Beide Studienergebnisse zeigen: Um die Kognition zu verbessern, ist es nicht nur in jungen Jahren, sondern auch im fortschreitenden Alter sinnvoll, ein Bewegungsprogramm aufzunehmen. Allerdings liefert die zweite Studie eine ernüchternde Einsicht: Es scheint tatsächlich einen Zeitpunkt zu geben, an dem es für ein (sportliches) Gehirntraining zu spät ist.

Und was ist mit Gehirnjogging?

Lange Zeit galt Gehirnjogging als eine besonders effektive Möglichkeit, die Geisteskräfte zu schulen. Doch in den letzten Jahren ist dieses Image deutlich geschwunden. Im Herbst 2014 gaben mehr als 70 Kognitions- und Neurowissenschaftler aus aller Welt ein gemeinsames Statement heraus, in dem sie die Werbeversprechen der Gehirnjogging-Anbieter als überzogen, unseriös und teilweise irreführend einstuften. Besonders vehement widersprachen sie der Behauptung, Gehirnjogging könne Alzheimer oder andere Demenzformen verhindern.

Tatsächlich gibt es bisher keinen Beleg dafür, dass es durch Gehirnjogging möglich sei, den altersbedingten geistigen Abbau um bis zu 20 Jahre hinauszuzögern, wie es einige kommerzielle Anbieter von Denkaufgaben behaupten. Eine gewisse geistige Verjüngung durch regelmäßigen Denksport konnte jedoch nachgewiesen werden. Immerhin ist damit bestätigt, dass Gehirnjogging tatsächlich die geistigen Kräfte schulen kann, allerdings in weit geringerem Maß, als früher vermutet wurde.

So sind z.B. die Transfereffekte von Gehirnjogging viel geringer, als sich die Denksportanhänger erhofft hatten. Von einem Transfer- oder Übertragungseffekt spricht man, wenn durch das Üben einer Aufgabe auch andere als die trainierten Funktionen verbessert werden. Im Hinblick auf den Nahtransfer (womit die Verbesserung von Funktionen gemeint ist, die den trainierten Funktionen sehr ähnlich sind) ließen sich tatsächlich gewisse Erfolge nachweisen, so etwa in einer Untersuchung an der Universität Zürich, wo sich die Probandinnen und Probanden verschiedenen Gedächtnistests am Computer unterzogen; sie mussten sich u.a. Zahlenfolgen merken oder Figuren zuordnen. Nach dem Training hatte sich nicht nur ihr Gedächtnis für Zahlen, sondern auch für Wörter verbessert, weil es sich hierbei – so die Begründung der Wissenschaftler – um ähnliche Hirnleistungen handelt. Im Hinblick auf den Ferntransfer (die Verbesserung von Hirnleistungen, die mit den trainierten Funktionen nichts zu tun haben) scheint Gehirnjogging hingegen nicht zu funktionieren.[10]

Generell stimmen viele Forscher darin überein, dass Gehirnjogging am wirksamsten ist, wenn es regelmäßig und beständig betrieben wird und die Aufgaben möglichst vielseitig sind. Doch auch hier muss man feststellen, dass jüngere Menschen mehr davon profitieren als ältere: Das Max-Planck-Institut für Bildungsforschung in Berlin führte dazu vor einigen Jahren einen Versuch mit mehr als 200 Probanden durch, von denen die Hälfte junge Erwachsene und die andere Hälfte Senioren über 65 waren. Die Teilnehmenden bekamen in rund 100 einstündigen Trainingssitzungen verschiedene Aufgaben am Computer gestellt, mit denen sie ihre Wahrnehmungsgeschwindigkeit (schnelles Erkennen von Formen und Symbolen), ihr episodisches Gedächtnis (richtige Wiedergabe von Reihenfolgen) und ihr Arbeitsgedächtnis trainieren sollten. Zu Beginn und am Ende der Trainingsphase, die sich über ein Jahr erstreckte, wurden die Teilnehmenden auf ihre kognitiven Fähigkeiten hin getestet. Die Ergebnisse zeigten merkliche Verbesserungen bei den jungen Probanden, während in der Testgruppe der Senioren die Fortschritte geringer ausfielen.

Gehirntraining – die Vielfalt macht's!

Schon oft ist das Gehirn mit der Körpermuskulatur verglichen worden. Der Vergleich mag hinken, ist aber sicher nicht völlig abwegig. Denn je intensiver und vielseitiger wir unser Gehirn fordern, desto größer wird unsere geistige Leistungskraft. Kontinuierliches Training hinterlässt erwiesenermaßen Spuren im Gehirn:

Die Zahl der Nervenzellen und neuronalen Verknüpfungen erhöht sich und ganze Hirnareale können sich verändern mit dem Effekt, dass sich die kognitive Leistung vergrößert und länger erhalten bleibt.

Verzichten wir hingegen darauf, das Gehirn ausreichend zu fordern, verkümmert unser geistiges Potenzial, ähnlich wie die Muskelmasse bei mangelndem Training schwindet. Auch das Risiko, an Alzheimer zu erkranken, erhöht sich durch Untätigkeit und übermäßigen passiven Medienkonsum, wie in epidemiologischen Studien belegt werden konnte.[11]

Doch was genau können wir tun, um unsere geistige Fitness zu verbessern und sie möglichst bis ins Alter zu erhalten? Aus den bisherigen Erkenntnissen der Neurowissenschaft lassen sich vor allem folgende Empfehlungen ableiten:[12]

- Es ist sinnvoll und nützlich, sich regelmäßig mit anspruchsvollen Themen zu beschäftigen, die den Geist herausfordern – seien es Naturwissenschaften, Philosophie, Literatur oder Fremdsprachen. Je früher man damit beginnt, desto besser. Die geistige Herausforderung sollte mit fortschreitendem Alter nicht nachlassen. Denn nur durch lebenslanges Lernen können wir dem Abbau der kognitiven Fähigkeiten gezielt entgegenwirken.
- Auch ein gezieltes Training der Sinne und der Wahrnehmung schult das Gehirn, denn die Sinneswahrnehmung ist an allen geistigen Vorgängen maßgeblich beteiligt.
- Gewohnheiten zu durchbrechen, vom alltäglichen Trott abzuweichen und unbekannte Pfade zu betreten, hält das Gehirn ebenfalls fit, weil es die geistige Flexibilität erhöht.
- Daneben kann Gehirnjogging ein sinnvolles Training für die grauen Zellen sein, solange man seine Bedeutung nicht überschätzt. Wichtig ist, regelmäßig und vielseitig zu trainieren, damit das Gehirn davon profitieren kann.
- Eine besondere Bedeutung kommt der sportlichen Bewegung zu. Zahlreiche Studien belegen: Wer regelmäßig sportlich aktiv ist, tut damit sehr viel für seine geistige Fitness. Schon

dreimal pro Woche zu trainieren, kann sich bereits merklich auf die Gehirnleistung auswirken.

- Ebenso trägt eine gesunde Lebensweise dazu bei, den Geist in Schwung zu halten. Dazu gehört eine ausgewogene Ernährung ebenso wie ausreichender Schlaf. Wichtig ist außerdem, mit einer guten Pausenkultur und Entspannungsübungen dem Stress entgegenzuwirken. Denn Stress ist Gift für das Gehirn, während regelmäßige Entspannungsübungen u.a. die Aufnahmefähigkeit und die Gedächtnisleistung stärken.
- Eine sehr bedeutende Rolle spielen nicht zuletzt soziale Kontakte – nicht nur, weil geselliges Miteinander zur seelischen Balance beiträgt, sondern weil der Austausch mit anderen die soziale Intelligenz trainiert und so den Geist flexibel hält.

Tipp: Lassen Sie sich inspirieren

In den folgenden Kapiteln erhalten Sie konkrete Tipps und Übungen, mit denen Sie die oben genannten Empfehlungen in die Praxis umsetzen können. Die Übungen sind bewusst so ausgewählt, dass sie wenig Materialaufwand erfordern und sich in vielen Alltagssituationen anwenden, aber auch gut variieren lassen. Mit kleinen Abwandlungen kann man die meisten Aufgaben z.B. optimal einer veränderten Teilnehmerzahl oder höheren Schwierigkeitsstufe anpassen. Sie können das Übungsangebot auch als Anregung zum Weitermachen verstehen. Wenn Sie die eine oder andere Aufgabe ausprobieren, werden Sie sicher Ideen für neue Übungen entwickeln. Auch damit bringen Sie Ihren Geist in Schwung!

2. Alles, nur kein Pflichtprogramm!

»Der Mensch sollte lesen, wozu es ihn gerade treibt; was er nur aus Pflichtgefühl liest, wird ihm wenig nützen.« Dieser Spruch des französischen Schriftstellers François de La Rochefoucauld (1613–1680) lässt sich nicht nur auf das Lesen anwenden, sondern im Prinzip auf alle Beschäftigungen, die das Ziel haben, den Geist zu bilden. Menschen, die ihren persönlichen Interessen nachgehen, sich mit Begeisterung für Neues öffnen und die Welt – ähnlich wie ein Kind – mit Entdeckerfreude betrachten, haben tatsächlich die besten Chancen, ihr geistiges Potenzial voll zu entfalten. Wer aus Neugier und innerer Motivation lernt, statt aus bloßem Pflichtgefühl, hat Freude am Lernen und muss dafür keine inneren Widerstände überwinden. Gleichzeitig bekommt das Gehirn, was es braucht, um immer weiter zu wachsen.

Begeistert wie ein Kind

Sie müssen sich jedenfalls bei Ihren Bestrebungen, den Geist auf Touren zu bringen, keinen Zwang auferlegen. Damit würden Sie genauso wenig erreichen wie mit einer Sportart, die Ihnen keine Freude macht und die Sie als reines Muss betrachten (weil Sie es Ihrer Gesundheit oder Ihrer Figur schuldig zu sein glauben).

Anstatt gegen innere Widerstände anzukämpfen, lassen Sie sich lieber von einem starken Gefühl mitreißen, das in fast allen Menschen steckt und bei vielen nur darauf wartet, (wieder) geweckt zu werden: Begeisterung.

Bei Kindern ist die Begeisterung noch ganz natürlich vorhanden. Sie haben eine geradezu unerschöpfliche Lust am Entdecken und Ausprobieren und können sich grenzenlos für Dinge begeistern, die ihre Neugierde und ihren Forscherdrang befriedigen.

Versetzen Sie sich einmal zurück in Ihre Kindheit: Erinnern Sie sich daran, welche Glücksgefühle Sie als Kind erlebt haben, wenn Sie gerade etwas Neues entdeckt hatten und es sofort ausprobierten?

Begeisterung sorgt jedoch nicht nur für Glücksgefühle, sie verleiht auch ungeahnte Fähigkeiten. Wenn Sie sich voller Begeisterung einer Beschäftigung widmen, können Sie dabei regelrecht über sich selbst hinauswachsen.

Warum das so ist, erklärt der Neurobiologe Gerald Hüther: Jede spannende Entdeckung und jede packende Lernerfahrung ist mit Gefühlen verknüpft. Im Gehirn werden dabei die emotionalen Zentren aktiviert und neuroplastische Botenstoffe ausgeschüttet, die dafür sorgen, dass neue neuronale Verknüpfungen entstehen und bereits bestehende gefestigt werden. So wird Gelerntes im Gehirn verankert. Das ist im Wesentlichen der Grund, warum wir bei allen Tätigkeiten, die uns fesseln und die wir mit Begeisterung verrichten, so schnell dazulernen.[13]

»Hirngerecht« im Sinne von Gerald Hüther sind Lernerfahrungen also immer dann, wenn sie uns emotional berühren, ja, regelrecht unter die Haut gehen, und wenn sie uns das beflügelnde Gefühl vermitteln, dass die neu gewonnene Fähigkeit sinnvoll und nützlich für uns selbst und für andere ist.[14]

Tipp: Raus aus der Alltagsroutine!

Spaß und Begeisterung statt mühseliger Paukerei – steht das nicht im Widerspruch zur bekannten Redensart: »Ohne Fleiß kein Preis«? Und doch tun Sie sich und Ihrem Geist nur Gutes, wenn Sie sich – zumindest zeitweise – von dieser Auffassung lösen. Treten Sie stattdessen, sooft es geht, heraus aus der Routine des Alltags, in der Sie nur angestrengt versuchen zu funktionieren. Es lohnt sich, sich bewusst neuen, spannenden Aufgaben zuzuwenden, die Sie begeistern, denn sie verleihen Ihrem Geist neuen Schwung.

Zwei starke Antriebskräfte: Motivation und Neugier

Die beiden Schwestern der Begeisterung heißen Neugier und Motivation. Gemeint ist hier allerdings nicht die Motivation, die von anderen ausgeht, indem sie uns Belohnung und Anerkennung verheißt, sondern die sogenannte intrinsische Motivation, die von innen kommt. Wer intrinsisch motiviert ist, handelt aus eigenem Antrieb, verfolgt seine persönlichen Interessen und lässt sich von Neugier und Wissensdurst leiten.

Von der Motivation zum Flow

Ein Mensch, der sich aus innerer Motivation heraus mit einer Aufgabe beschäftigt, kann dabei große Ausdauer entwickeln und in seiner Tätigkeit geradezu versinken. Er benötigt dafür keine Belohnungsanreize, denn er empfindet ja die Tätigkeit an sich als Belohnung. In diesem Zustand – für den die Glücksforschung den Begriff »Flow« geprägt hat – kann er sich Fakten, Begriffe und Zusammenhänge besonders schnell einprägen. Fast wie von selbst verbessert er dabei kontinuierlich seine Fähigkeiten – und erzielt immer bessere Ergebnisse, was ihm Zufriedenheit und Selbstvertrauen verschafft.

Der Reiz, Neues zu erfahren

»Sei nicht so neugierig!« ist ein Satz, den wohl jeder Mensch in seinem Leben unzählige Male zu hören bekommt. Dabei ist Neugier alles andere als eine schlechte Eigenschaft. Sie ist vielmehr eine wesentliche Antriebskraft für die Erkundung der Welt. Ohne Neugier gäbe es keine Autos und Flugzeuge, kein elektrisches Licht und keine Solarzellen, keine Homöopathie und keine Impfstoffe. Unser Wachstum und Wissen, unsere Entdeckungen und Fortschritte haben wir zu einem wesentlichen Teil der Neugier zu verdanken.

Weil Neugier jedoch in unserer Gesellschaft als unangemessen gilt, hören manche Menschen tatsächlich auf, sich für Fakten, Zusammenhänge und Hintergründe zu interessieren. Und das ist äußerst schade. Denn wer nicht neugierig und mit offenen Augen durch die Welt geht, fängt irgendwann an, geistig zu stagnieren und sich mental in eingefahrenen Bahnen zu bewegen.

Zum Glück ist es fast jedem zu jeder Zeit möglich, seine eingeschlafene Neugier und seinen Wissensdrang wiederzubeleben. Denn hat man erst einmal angefangen, sich näher mit einem Thema zu befassen, für das man sich wirklich interessiert, stellen sich Neugier, Begeisterung und Motivation meist von selbst ein. Was wiederum dazu führt, dass der Wissensdurst wächst und die Neugier sich gleichsam selbst immer weiter anstachelt.

Tipp: Vorrang für die eigenen Interessen

Persönliche Interessen zu verfolgen, ist kein Luxus, den Sie sich versagen müssten, um nicht als egoistisch dazustehen. Im Gegenteil: Wenn Sie Ihre eigenen Interessen hintanstellen, lassen Sie das Potenzial verkümmern, das in Ihnen steckt, und berauben sich obendrein schöner (Erfolgs-)Erlebnisse. Gönnen Sie sich also guten Gewissens die Freude, etwas Neues zu lernen, das Sie schon immer gereizt hat – sei es Rhönradturnen, Stepptanzen, Klavier spielen oder Japanisch. Nebenbei können Sie bei solchen Unternehmungen Kontakte mit Menschen knüpfen, die ähnliche Interessen haben wie Sie (siehe Kapitel 10).

Wer fragt, weiß mehr

»Warum ist der Himmel blau?« – »Wieso dreht sich die Erde?« – »Warum regnet es?« – »Wie kommt der Strom in den Zitteraal?« – »Wie tief kann ein Maulwurf graben?« – »Warum können Schiffe schwimmen?« – »Wer hat die Buchstaben erfunden?« ... Wenn Sie die beliebte »Sendung mit der Maus« kennen, kommen Ihnen diese Fragen sicher bekannt vor. Es handelt sich um einige der häufigsten Kinderfragen an die Maus. Nun sehen Sie sich die Fragen einmal genauer an: Welche davon könnten Sie zufriedenstellend beantworten, ohne ein Nachschlagewerk oder das Internet zu Hilfe zu nehmen? Falls es nur wenige sind: Liegt es daran, dass die Fragen uninteressant oder unbedeutend sind? Wohl nicht. Oder könnte es sein, dass Sie sich, wie die meisten Erwachsenen, das Fragen einfach abgewöhnt haben (und deshalb die Antworten nicht kennen)? Wenn ja, warum eigentlich?

Kinder fragen unbekümmert nach, wenn sie etwas genauer wissen wollen. Wir Erwachsenen dagegen scheuen uns häufig, Fragen zu stellen. Wir befürchten, andere könnten uns für aufdringlich, unhöflich, allzu neugierig oder einfach für dumm halten. Dabei können Fragen unseren geistigen Horizont enorm erweitern, sie können aber auch den Umgang mit unseren Mitmenschen bereichern.

»W« wie Wissen

Lassen Sie es auf einen Versuch ankommen und fangen Sie an, draufloszufragen. Wenn Sie dabei möglichst viel Neues erfahren wollen, sollten Sie keine geschlossenen Fragen stellen, die sich mit einem einfachen »Ja« oder »Nein« beantworten lassen. Das wird Sie kaum weiterbringen. Machen Sie es stattdessen wie die Kinder: Stellen Sie offene Fragen, also Fragen, die mit einem »W-Wort« beginnen: Wer – wie – was – wo – wann – wozu – warum – woher – wohin – wie viel ...? Solche Fragen verlangen nach einer ausführlicheren Erklärung.

Gerade das Fragewort »warum« ist im Hinblick auf neues Wissen interessant, denn es fordert uns auf, Dinge zu hinterfragen, die wir gewöhnlich als gegeben oder selbstverständlich ansehen, im Sinne von: »Es ist nun einmal so.«

Tatsächlich haben manche Erfinder ihre Entdeckung einer scheinbar belanglosen »Warum-Frage« zu verdanken. So etwa der US-amerikanische Physiker Edwin H. Land (1909–1991): 1943 versuchte er während eines Urlaubs, seiner dreijährigen Tochter das Prinzip des Fotografierens zu erklären. Daraufhin fragte ihn die Kleine, warum man die Bilder nicht sofort sehen könne. Angeregt durch diese Frage, machte sich Land daran, eine Sofortbildkamera zu entwickeln, die 1948 unter dem Namen »Polaroid« auf den Markt kam und millionenfach verkauft wurde.[15]

Allein dieses Beispiel zeigt: Indem wir anfangen, gewohnte Tatsachen zu hinterfragen, erweitern wir nicht nur unser Faktenwissen, sondern beginnen, die Dinge in unserer Umgebung auch mit neuen Augen zu betrachten. Das kann zu interessanten Entdeckungen führen.

Übung 1: Fragen des Alltags

Achten Sie in Ihrem gewohnten Tagesablauf einmal ganz bewusst auf Dinge, die Sie sich (oder Ihrem Kind) nicht so ohne Weiteres erklären können, und versuchen Sie, die Rätsel durch eigene Recherchen zu lösen. Dazu einige Beispiele:

- Warum wird die Haut im Wasser schrumpelig?
- Warum wirkt Gähnen ansteckend?
- Warum kann man sich im Wasser spiegeln?
- Warum haben Blitze ein gezacktes Muster?
- Warum färbt Rotwein die Zunge blau?
- Warum reift nicht jedes Obst zu Hause nach?
- Warum läuft uns bei kaltem Wetter die Nase?
- Warum knirscht der Schnee?
- Warum klebt Zucker, wenn er feucht ist?

Von der Frage zur kreativen Lösung

Fragen können nicht nur unser Sachwissen erweitern, sondern uns auch helfen, kreative Lösungen zu finden. Meist gehen wir ja bei der Suche nach neuen Ideen nicht über den eigenen Gedankenhorizont hinaus. Deshalb können uns ungewöhnliche Fragestellungen dazu veranlassen, uns von festgefahrenen

Denkmustern zu lösen und Dinge in einem neuen Licht zu betrachten.

Fragen wie die folgenden können interessante Impulse geben, indem sie bekannte mit neuen Denk- und Herangehensweisen kombinieren:

- Auf welche Weise wurde ein Problem wie dieses schon einmal gelöst?
- Wie würde ich die Sache angehen, wenn ich mein Freund, meine Freundin N.N. (mein Partner, meine Partnerin ...) wäre?
- Was würde Loriot (Evelyn Hamann, Karl Valentin ...) dazu sagen?
- Was muss ich tun, damit die Sache schiefgeht?

Die letzte Frage mag auf den ersten Blick eigenartig klingen. Doch manchmal lässt sich ein Problem oder eine Denkblockade tatsächlich leichter überwinden, wenn man die zugrunde liegende Frage ins Gegenteil verkehrt und sich genüsslich die möglichen negativen Konsequenzen ausmalt (die in Wirklichkeit nicht eintreten werden). Es schadet dabei nicht, die umgedrehte Frage zu einem Worst-Case-Szenario auszubauen. Je übertriebener die Fragestellung (»Wie kann ich mit meiner Vorgehensweise für einen handfesten Skandal sorgen?«), desto ungewöhnlichere und kreativere Ideen können daraus entstehen.

Übung 2: Was wäre, wenn ...?

Ihr Faktenwissen und Ihre Kreativität können Sie auch mit der Frage »Was wäre, wenn ...?« erweitern. Versuchen Sie, ein Szenario auf Basis einer hypothetischen Frage zu entwerfen:

- Was wäre, wenn ich im Jahr 1790 in Wien leben würde?
- Was wäre, wenn ich ein halbes Jahr lang wie ein Steinzeitmensch leben müsste?
- Was wäre, wenn es in meinem Wohnort auf unbestimmte Zeit keinen Strom mehr gäbe?

Je wirklichkeitsgetreuer das Szenario, das Sie entwerfen, desto höher der Anspruch an Ihr Faktenwissen. Wie spannend es sein kann, sich intensiv mit hypothetischen Fragen zu befassen, zeigt das Buch »What if? Was wäre wenn?« von Randall Munroe (siehe die Literaturangabe im Anhang), in dem der Autor auf die ausgefallensten Fragen wissenschaftliche Antworten liefert.

Alles andere als dumm

»Es gibt keine dummen Fragen, dumm ist nur, wer nicht fragt«, lautet eine bekannte Redensart, die auch in dem Ohrwurm aus der Kindersendung »Sesamstraße« zum Ausdruck kommt: »Wer – wie – was? Wieso – weshalb – warum? Wer nicht fragt, bleibt dumm!« Daran sollten Sie denken, falls Sie zu den Menschen gehören, die sich übermäßig scheuen, Fragen zu stellen. Fragen haben nicht nur in den meisten Fällen ihre Berechtigung, sie sind auch ein wertvolles Instrument, das uns in vielen Situationen weiterbringen kann: Sie beleben Gespräche, öffnen den Geist, erweitern das Wissen und lassen neue Ideen entstehen. Nicht zuletzt verraten sie etwas über die Person, die sie stellt. Um es mit einem Wort des französischen Philosophen Jean-Jacques Rousseau (1712–1778) auszudrücken: »Man muss viel gelernt haben, um über das, was man nicht weiß, fragen zu können.«

3. Bewegung macht schlau

Wer sportlich aktiv ist, tut nicht nur viel für seine körperliche, sondern auch für seine geistige Fitness. Sportliche Bewegung verbessert die Durchblutung, sodass die Nervenzellen im Gehirn besser mit Nährstoffen versorgt werden. Außerdem produziert die Muskulatur bei ausreichendem Training Botenstoffe, die die Verschaltung der Neurone und damit das Konzentrationsvermögen verbessern. Durch Sport können sogar neue Nervenzellen in einem bestimmten Gehirnareal, dem Hippocampus, gebildet werden, wie die Hirnforschung festgestellt hat.

Ausdauertraining: frische Brise für den Geist

Die wissenschaftlichen Untersuchungen, die in Kapitel 1 vorgestellt wurden, deuten darauf hin, dass Ausdauersport tatsächlich langfristige positive Auswirkungen auf unser Gehirn haben kann. Ohne Zweifel aber hat diese Trainingsform unmittelbare Effekte, die für den Trainierenden deutlich spürbar sind:

Wenn wir uns ausdauernd bewegen, beschleunigt sich unser Atem, die Herzfrequenz erhöht sich und die Blutzirkulation wird angeregt. Durch die verstärkte Durchblutung gelangen vermehrt Sauerstoff, Nährstoffe und damit Energie zu den Nervenzellen im Gehirn. Das wirkt sich unmittelbar auf die Gehirnleistung aus. Sicher haben Sie den Effekt schon an sich selbst beobachtet, wenn Sie zum Beispiel nach einer Joggingrunde im Freien geistig erfrischt und spürbar leistungsfähiger als vorher an die Arbeit gingen.

Abgesehen davon kurbelt sportliche Bewegung die Ausschüttung bestimmter Neurotransmitter an, die sowohl die Gehirnfitness als auch das Wohlbefinden steigern. Es handelt sich dabei vor allem um folgende Botenstoffe:

- *Dopamin:* Dieser Botenstoff spielt eine bedeutende Rolle für die Übermittlung von Signalen des Belohnungs- und Motivationssystems. Er ist außerdem die biochemische Vorstufe von Noradrenalin, das die Aufmerksamkeit und geistige Aktivität steigert.
- *Serotonin:* Es gilt als »Glückshormon«, da es die Stimmung aufhellt und zudem das Selbstbewusstsein steigert.
- *Endorphine:* Sie gelten als das körpereigene Schmerzmittel und haben ebenfalls eine stimmungsaufhellende Wirkung. Bekannt ist das sogenannte »Runner's High«, ein Zustand der Euphorie, der den Endorphinen zugeschrieben wird und den Läufer angeblich seine Schmerzen und Schwächegefühle vergessen lässt.

Langfristig sorgt regelmäßiges Ausdauertraining außerdem dafür, dass sich neue Blutgefäße bilden – und zwar nicht nur in den Muskeln, sondern auch im Gehirn. So werden die Gehirnzellen noch besser mit Nährstoffen versorgt.

Bewegung im Freien

Um die beschriebenen positiven Effekte des Ausdauertrainings voll ausschöpfen zu können, sollten Sie, sooft es geht, an der frischen Luft trainieren. Im freien Gelände werden Sie optimal mit Frischluft versorgt und können sich weiträumig und ohne Einschränkung bewegen.

Sehr effektive Ausdauersportarten sind Radfahren, Schwimmen, Rudern, Inlineskating und Skilanglauf. Hinzu kommen die beliebten Sportarten (Nordic) Walking und Jogging, bei denen Sie zu jeder Jahreszeit und bei fast jedem Wetter quasi von Ihrer Haustür aus starten können.

Walking: Walking ist nichts anderes als Gehen bei verstärktem Arm- und Beineinsatz. Sie sollten sich dabei mit flotten, raumgreifenden Schritten bewegen, ohne jedoch ins Laufen zu verfallen. Die angewinkelten Arme schwingen bei jedem Schritt gegengleich im Takt mit. Wenn Sie zusätzlich etwas für Ihre Nacken-, Schulter- und Oberarmmuskulatur tun möchten, können Sie Gewichtsmanschetten an den Armen anlegen, die jedoch nicht schwerer als jeweils ein Kilo sein sollten, damit Sie sich keine Verspannungen im Nacken einhandeln.

Nordic Walking: Beim Nordic Walking kommen zusätzlich Stöcke zum Einsatz. Sie sind mit einer Handschlaufe und einem Klettverschluss ausgestattet, damit Sie sie nicht verlieren können, wenn Sie beim Training mit den Armen schwingen. Denn die Stöcke sollen nicht ständig umklammert, sondern im Rhythmus der Schritte festgehalten und losgelassen werden. Sie sollen im Übrigen nicht als Stütze, sondern als Schubhilfe dienen, um den Körper vorwärtszubringen. So laufen Sie gewissermaßen auf vier Beinen. Durch den Einsatz der Stöcke werden beim Nordic Walking nahezu 90 Prozent des gesamten Muskelapparats beansprucht.

Übung 3: Gymnastik mit Nordic-Walking-Stöcken

Machen Sie bei Ihrem Nordic-Walking-Training zwischendurch Station und nehmen Sie die Stöcke für eine Gymnastikübung zu Hilfe: Stecken Sie die Stöcke links und rechts von Ihrem Körper fest in den Boden. Gehen Sie dann in die Knie, als ob Sie sich auf einen imaginären Stuhl setzen. Die Beine sind parallel zum Boden, der Rücken ist gerade. Mit dieser Übung kräftigen Sie Ihre Oberarm- und Oberschenkelmuskulatur.

Jogging: Laufen unterscheidet sich vom Gehen durch die Flugphase. Bei jedem Schritt heben für einen kurzen Moment beide Beine vom Boden ab. Das Lauftempo sollte gemäßigt sein, sodass Sie nicht außer Puste geraten. Um Gelenkprobleme zu vermeiden, laufen Sie am besten mit gut gefederten Schuhen auf weichem Untergrund. Solange Sie nicht zu den geübten Läufern gehören, sollten Sie nicht täglich trainieren, damit sich Ihre Muskeln,

Gelenke, Bänder und Sehnen zwischendurch regenerieren können und auch Ihr Herz-Kreislauf-System Zeit hat, sich an die sportliche Anforderung anzupassen. Für den Anfang genügen drei bis vier Läufe pro Woche vollauf.

Übung 4: Laufen mit Tempowechsel

Wenn Sie sich beim Jogging schon einige Ausdauer antrainiert haben und mindestens 30 Minuten ohne Pause laufen können, dürfen Sie ruhig mal etwas Abwechslung in Ihr Lauftraining bringen. Wärmen Sie dafür als Erstes etwa zehn Minuten lang Ihre Muskulatur durch lockeres Laufen in moderatem Tempo auf. Wählen Sie dann eine möglichst ebene Strecke von etwa 100 Metern, um Ihr Tempo kontinuierlich zu steigern, bis Sie am Ende für wenige Sekunden einen schnellen Sprint hinlegen. Anschließend traben Sie zwei Minuten lang und setzen dann Ihr Training in Ihrem gewohnten Tempo fort. Sie können mit etwas Übung mehrere solcher Steigerungsläufe in Ihr Dauerlauftraining einbauen. Damit verbessern Sie auf längere Sicht Ihr Lauftempo, Ihren Laufstil und Ihre Laufökonomie.

Tipp: Rope-Skipping – ideal für draußen und drinnen

Nicht nur Kindern macht es einen Riesenspaß: Seilspringen auch bekannt unter der Bezeichnung »Rope-Skipping«. Sie können das Training sowohl auf der grünen Wiese als auch wetterunabhängig zu Hause durchführen. Dazu brauchen Sie nur ein Springseil, für das Indoortraining außerdem eine federnde Unterlage (z.B. eine Matte) und, wenn Sie mögen, flotte Musik – und schon kann es losgehen. Springen Sie jeweils eine Minute und legen Sie danach eine Pause ein, bevor es weitergeht. Am Anfang sollten Sie pro Tag nicht länger als fünf Minuten trainieren. Danach können Sie sich von Woche zu Woche um ein bis zwei Minuten steigern und Ihre Kondition so enorm verbessern: Es heißt, dass der Trainingseffekt beim Seilspringen noch um einiges größer ist als beim Joggen.

Indoortraining

Auch in Sporthallen, Fitnessräumen oder zu Hause können Sie Ihre Ausdauer effektiv trainieren. Die Auswahl an Indoorsportarten bietet dabei genügend Abwechslung:

Gerätetraining: Im Fitnessstudio können Sie zwischen mehreren Trainingsgeräten wählen. Ideal für Menschen mit Gelenkproblemen ist ein Fahrradergometer, weil der Oberkörper vom Sattel gestützt wird und dadurch nur wenig Körpergewicht auf den Gelenken lastet. Das Training auf dem Laufband trainiert den gesamten Körper, und da die Lauffläche gedämpft ist, werden die Gelenke nicht überbeansprucht. Das effektivste Gerät ist der Crosstrainer. Er ist gelenkschonender als das Laufband und beim Training wird der ganze Körper einbezogen.

Trampolinspringen: Ein Minitrampolin ist ein ideales Trainingsgerät für zu Hause. Die sportliche Anforderung ist dabei nicht zu unterschätzen, denn durch den ständigen Wechsel der Beschleunigung werden alle Muskeln des Körpers beansprucht. Bei Ungeübten kann sich daher schon nach kurzem Training ein Muskelkater bemerkbar machen. Doch wenn Sie regelmäßig auf dem Trampolin üben, ist das nicht nur ein tolles Ausdauertraining, Sie verbessern damit auch Ihre Koordination und Körperhaltung.

Übung 5: Walken und Joggen auf dem Trampolin

Auf Walken oder Joggen müssen Sie bei schlechtem Wetter nicht unbedingt verzichten. Verlegen Sie Ihr Training einfach aufs Minitrampolin. Stellen Sie sich dazu mit den Füßen in Hüftbreite auf das Trampolin und legen Sie los. Doch anstatt sich vorwärtszubewegen, walken oder joggen Sie auf der Stelle. Die Arme schwingen wie gewohnt gegengleich mit. Zwischendurch können Sie auch auf dem Trampolin hüpfen, wobei die Arme locker mitbaumeln. Für den optimalen Trainingseffekt kommt es dabei nicht auf die Höhe der Sprünge, sondern auf die Anzahl pro Zeiteinheit an.

Aerobic: Dieses Fitnessprogramm wird gewöhnlich in Gruppen unter Trainingsanleitung mit Musik und Choreografien durchgeführt. Es verbessert das Herz-Kreislauf-System, aber auch die Koordination und Beweglichkeit. Daneben gibt es eine ganze Reihe von Aerobic-Varianten, die alle ihre eigenen Schwerpunkte haben: Bei Steppaerobic etwa werden die Übungen mithilfe einer erhöhten Plattform ausgeführt. Beim Aerodance kommen tänzerische Elemente aus dem Jazz und Funk hinzu. Und Tae Bo verbindet dynamische Kampfsport- mit Aerobic-Elementen.

Zumba®: Dieses temporeiche Workout kombiniert Aerobic-Elemente mit Schritten aus lateinamerikanischen Tänzen wie Samba, Merengue, Mambo und Salsa sowie mit Elementen aus Hip-Hop, Bauchtanz und Kampfsportarten. Von den schnellen, aber relativ einfachen Schrittkombinationen lassen sich selbst Sportmuffel oft mitreißen. Und durch den Bewegungsablauf, der den ganzen Körper einbezieht, kommt das Herz-Kreislauf-System ordentlich auf Touren.

Aqua-Zumba®: Sehr beliebt ist auch diese Variante von Zumba®, bei der die Choreografien mit Wassergymnastik kombiniert werden. Aqua-Zumba® steigert ebenfalls die Ausdauer und Kondition, wobei durch die Übungen im Wasser die Gelenke und die Wirbelsäule entlastet werden.

Muskeltraining: Zuwachs für die Gehirnzellen

Neuere wissenschaftliche Untersuchungen deuten wie gesagt darauf hin, dass Bewegung in einem bestimmten Gehirnareal die Neubildung von Gehirnzellen bewirken könnte. Es handelt sich dabei um den Hippocampus, also den Bereich im Gehirn, der für unser Gedächtnis zuständig ist (siehe Kapitel 1). Hier werden Informationen ins Langzeitgedächtnis überführt. Ganz allgemein befindet sich hier die zentrale Stelle für sämtliche Lernvorgänge.[16]

Es gibt Belege dafür, dass die Muskulatur dabei eine bedeutende Rolle spielen könnte. Die Muskeln können Botenstoffe bilden, die sich förderlich auf das Gehirn auswirken. Wird die Muskulatur ausreichend trainiert, gelangen diese Botenstoffe über die Blutbahn ins Gehirn und regen im Hippocampus die Neubildung von Nervenzellen an.[17]

Ein wichtiger Botenstoff ist in diesem Zusammenhang BDNF (Brain-derived Neurotrophic Factor), ein Nervenwachstumsfaktor, der sich im Gehirn vor allem in den Nervenzellen des Hippocampus, aber auch in anderen Hirnregionen nachweisen lässt. Vor einigen Jahren hat man diesen Botenstoff außerdem in der arbeitenden Muskulatur entdeckt. Es spricht demnach einiges dafür, dass sich durch Muskeltraining vermehrt BDNF im Körper und im Gehirn bilden könnte.[18]

Trainingsgeräte

Besonders effektiv ist Muskeltraining an speziellen Trainingsgeräten im Fitnessstudio. Je nach Gerät kann man dort alle Muskelbereiche trainieren, von den Schultern bis zu den Beinen. Die Geräte erlauben eine exakte Bewegungsausführung und bei Bedarf kann man die Übungen unter Anleitung eines Fitnesstrainers ausführen, was besonders für Anfänger ideal ist. Ein weiterer Vorteil besteht darin, dass man den Schwierigkeitsgrad bzw. das Trainingsgewicht an den Geräten individuell einstellen kann.

Doch wenn Sie sich mit dem Gedanken, im Fitnessstudio zu trainieren, nicht anfreunden können, können Sie Ihr Muskeltraining auch zu Hause absolvieren. Manche Übungen erfordern keinerlei Hilfsmittel, Sie arbeiten allein mit dem Widerstand Ihres Körpergewichts. Dennoch ist es ratsam, eine Auswahl an Geräten und Trainingszubehör zur Verfügung zu haben:

Trainingsmatte: Sie gehört zur Grundausstattung für das Training zu Hause, ermöglicht ein komfortables Training und schont dabei die Gelenke, insbesondere die Kniegelenke.

Kurzhanteln: Hanteln mit ansteckbaren Gewichtsscheiben lassen sich verschiedenen Trainingsanforderungen anpassen und können für das Training verschiedener Muskelgruppen eingesetzt werden, besonders für die Arm-, Schulter- und Brustmuskulatur.

Latexbänder, auch Physio- oder Therabänder genannt, gibt es in verschiedenen Stärken, je nach gewünschter Trainingsintensität. Mit den Bändern lassen sich gezielt ausgewählte Muskelpartien kräftigen, beispielsweise Arme und Schultern, Rücken und Po oder die vordere und hintere Beinmuskulatur.

Schwingstab: Beim Training wird als Erstes der Stab in Schwingung gebracht. Dann muss der gesamte Körper (nicht nur die Arme) eingesetzt werden, um die Schwingung aufrechtzuerhalten. Dieses Training stärkt besonders die Tiefenmuskulatur.

Gymnastikball: Beim Training auf dem Gymnastik- oder Pezziball wird neben der gewählten Muskelgruppe automatisch auch die Bauch-, Bein- und Rückenmuskulatur angespannt, um den Körper zu stabilisieren. Das verbessert nicht nur die Muskelkraft, sondern auch Gleichgewicht und Körperkoordination.

Slashpipe: Dieses relativ neue Trainingsgerät ist ein transparentes Kunststoffrohr, das mit einer Flüssigkeit gefüllt und mit zwei flexibel einstellbaren Handschlaufen versehen ist. Die Flüssigkeit im Rohr ist ständig in Bewegung. Bei den Übungen – sei es im Stehen, Sitzen oder Liegen – geht es darum, die schwankenden Kräfte im Gleichgewicht zu halten. Das beansprucht und kräftigt die gesamte Muskulatur des Körpers.

Kräftigungsübungen für zu Hause

Die folgenden Übungen, die verschiedene Muskelgruppen Ihres Körpers ansprechen, können Sie ohne großen Aufwand zu Hause durchführen.[19]

Übung 6: Die Rückenmuskulatur kräftigen

Stellen Sie sich barfuß auf eine Trainingsmatte, auf die Sie einen Gymnastikball (Sitzball) platziert haben. Legen Sie den unteren Teil Ihres Bauchs auf den Gymnastikball und stützen Sie sich mit beiden Fußspitzen fest am Boden ab. Verschränken Sie die Finger Ihrer Hände im Nacken und heben Sie die Arme an, sodass die Ellenbogen nach außen zeigen.

Atmen Sie nun zuerst ein und heben Sie dann während der Ausatmung Ihren Oberkörper an, bis der ganze Körper eine Gerade im 45-Grad-Winkel zum Boden bildet. Achten Sie dabei sehr darauf, dass Ihr Rücken kein Hohlkreuz bildet. Während Sie anschließend wieder einatmen, lassen Sie den Oberkörper zurück in die Ausgangsposition sinken.

Wiederholen Sie die Übung 10- bis 15-mal.

Übung 7: Die schrägen Bauchmuskeln kräftigen

Legen Sie sich mit dem Rücken auf eine Trainingsmatte und ziehen Sie die Füße so weit zum Körper heran, dass Ober- und Unterschenkel einen Winkel von etwa 90 Grad bilden. Die Arme sind zur Seite gestreckt, die Fußsohlen stehen etwa hüftbreit auf dem Boden. Heben Sie die Fußspitzen an, sodass nur noch die Fersen auf der Matte aufliegen, und legen Sie den rechten Fuß auf dem linken Oberschenkel ab. Winkeln Sie den linken Arm an und legen Sie Ihre linke Hand unter den Kopf in den Nacken.

Atmen Sie zunächst ein und spannen Sie dann die Bauchmuskeln an. Während der Ausatmung heben Sie den Kopf und die linke Schulter vom Boden ab und rollen den Oberkörper schräg nach rechts oben, sodass sich die linke Schulter in Richtung rechtes Knie bewegt. Achten Sie darauf, dass der untere Rücken am Boden bleibt und Sie den Kopf nicht abknicken. Atmen Sie anschließend wieder ein und lassen Sie gleichzeitig den Körper zurück in die Ausgangsposition sinken.

Wiederholen Sie die Übung 10- bis 15-mal.

Übung 8: Oberarmtraining mit dem Theraband

Stellen Sie sich in Schrittstellung auf eine Trainingsmatte. Ihre Knie sind leicht gebeugt, Ihr vorderer Fuß steht auf der Mitte des Therabandes. Die Enden des Bandes wickeln Sie einmal um Ihre rechte und linke Hand und halten die Arme in der Grundstellung so nach unten gestreckt, dass die Innenseiten nach vorne schauen. Richten Sie nun den Oberkörper gerade auf und ziehen Sie den Bauchnabel leicht ein.

Holen Sie zunächst Atem. Winkeln Sie dann bei der Ausatmung ganz langsam die Arme an und ziehen Sie die Hände gegen den Widerstand des Therabandes nach oben vor Ihre Brust. Achten Sie darauf, dass die Oberarme dabei immer dicht am Körper bleiben und die Schultern nicht nach oben gehen. Dann kehren Sie langsam in die Ausgangsposition zurück.

Wiederholen Sie die Übung 10- bis 15-mal.

Übung 9: Training für die Oberschenkel

Stellen Sie sich mit den Füßen in Hüftbreite auf eine Trainingsmatte und lassen Sie die Arme locker neben dem Körper hängen. Die Knie sind leicht gebeugt, der Blick geht nach vorn und der Kopf befindet sich in Verlängerung der Wirbelsäule. Ziehen Sie den Bauchnabel leicht in Richtung Wirbelsäule ein.

Atmen Sie erst ein, strecken Sie die Arme über den Kopf und beugen Sie dann bei der Ausatmung langsam die Knie, bis sich die Oberschenkel parallel zum Boden befinden. Zeitgleich mit dieser Bewegung neigen Sie den Oberkörper langsam nach vorn, um im Gleichgewicht zu bleiben. Der Rücken ist gerade, die Fersen bleiben am Boden. Mit der Einatmung richten Sie sich dann langsam auf und kehren in die Ausgangsposition zurück.

Wiederholen Sie die Übung 10- bis 15-mal.

Koordinationstraining: perfektes Zusammenspiel

Jede sportliche Disziplin – sei es eine Einzel-, Gruppen- Mannschafts- oder Kampfsportart – erfordert spezielle koordinative Fähigkeiten, um erfolgreich zu sein. Mit Körperkoordination ist dabei das Steuern, Anpassen und Aufeinanderabstimmen verschiedener Körperbewegungen gemeint. Körperkoordination ist somit die entscheidende Voraussetzung dafür, dass die anderen motorischen Eigenschaften wie Kraft, Beweglichkeit, Ausdauer und Schnelligkeit überhaupt erst genutzt werden können. Deshalb ist es wichtig, die koordinativen Fähigkeiten regelmäßig zu trainieren. Denn bei mangelndem oder fehlendem Training können sie sich bereits ab dem vierten Lebensjahrzehnt schrittweise – und oft lange Zeit unbemerkt – zurückentwickeln.

Tipp: Jonglieren
Ein Gehirntraining der besonderen Art ist Jonglieren. Denn beim kunstvollen Werfen und Auffangen der Bälle muss das Gehirn vielseitige Koordinationsarbeit leisten: von der Auge-Hand-Koordination bis hin zum koordinierten Einsatz der Arme und des gesamten Körpers. Das erfordert große Geschicklichkeit, die sich jedoch durch Üben erlernen lässt (siehe die Literaturangabe im Anhang). Jonglieren hat vielseitigen Nutzen: Es verbessert die Konzentration, das räumliche Denken, die Grob- und Feinmotorik, die Reaktionsfähigkeit und das Rhythmusgefühl. Und weil die Bälle leicht zu verstauen sind, ist das Üben nahezu überall möglich – sogar am Arbeitsplatz. Ein toller Pausensport, der entspannt und gleichzeitig die Lebensgeister weckt!

Koordinationsübungen werden viele positive Effekte zugesprochen, u.a. aktivieren sie höchst effektiv die grauen Zellen. Bei gleichbleibendem Training dauert es allerdings nicht lange, bis die Trainingseffekte stagnieren. Dann gilt es, den Schwierigkeitsgrad der jeweiligen Übung zu erhöhen oder die Übung abzuwandeln. Am besten ist es, die koordinativen Fähigkeiten durch ständig wechselnde Trainingsaufgaben zu fördern.

Übung 10: Becher und Bälle

Dazu brauchen Sie zwei Plastikbecher mit einem Durchmesser von etwa sieben Zentimetern, in die Sie zwei Tischtennisbälle legen. Nehmen Sie in jede Hand einen Becher, stellen Sie sich aufrecht hin und halten Sie die Becher vor Ihren Körper. Werfen Sie als Erstes beide Bälle parallel mit einer schwungvollen Bewegung der Arme nach oben und fangen Sie sie mit den Bechern auf.

Wenn Ihnen das Fangen sicher gelingt, steigern Sie den Schwierigkeitsgrad: Werfen Sie wieder beide Bälle parallel nach oben, doch fangen Sie diesmal nur den rechten Ball sofort auf. Der linke Ball darf erst in seinem Becher landen, nachdem er auf den Boden aufgeprallt und wieder nach oben gehüpft ist. Wechseln Sie nach einigen Durchgängen die Seiten.

Variante: Nehmen Sie in die linke Hand einen Becher mit einem Tischtennisball und in die rechte einen Jonglierball. Werfen Sie als Erstes wieder beide Bälle parallel nach oben und fangen Sie sie auf, links mit dem Becher und rechts mit der Hand.

Auch hier können Sie den Schwierigkeitsgrad erhöhen, indem Sie den Tischtennisball erst nach dem Aufprall auf dem Boden mit dem Becher auffangen.

4. Lernen mit allen Sinnen

Mit Augen, Ohren, Nase, Zunge und Haut und aus den Tiefen unseres Körpers nehmen wir fortwährend neue Informationen auf. Unzählige Informationen werden in jedem Augenblick von den Sinnesorganen ans Gehirn weitergeleitet. Das Gehirn speichert und sortiert sie, vergleicht sie mit bereits gespeicherten Mustern und koordiniert sie mit anderen Reizen. Wahrnehmung mit allen Sinnen regt auf diese Weise permanent unseren Geist an.

Wahrnehmung auf sieben Sinneskanälen

Der Mensch verfügt über insgesamt sieben Sinne. Das sind zunächst die fünf Sinne, für die wir äußerlich sichtbare Organe haben und die uns in Verbindung mit unserer Umwelt bringen: der Sehsinn, der Gehörsinn, der Geruchssinn, der Geschmackssinn und der Hautsinn (Tastsinn). Vervollständigt wird die Wahrnehmung durch den Muskel- und Stellungssinn und den Gleichgewichtssinn, die gemeinsam mit dem Hautsinn die Körper- oder Eigenwahrnehmung ausmachen. Von der Eigenwahrnehmung hängt es ab, wie wir uns in unserem Körper fühlen und wie gut wir unsere Bewegungen koordinieren können.

Sehsinn: Visuelle Wahrnehmung betrifft nicht nur den physiologischen Vorgang des Sehens, sondern auch die Verarbeitung des Gesehenen im Gehirn und die daran anknüpfenden Fähigkeiten. Dazu gehört beispielsweise die Fähigkeit, ein Objekt an seinen charakteristischen Eigenschaften zu erkennen, selbst wenn es in Form, Größe und Material variiert. Oder die Fähigkeit, ein Objekt vor einem (unruhigen) Hintergrund wahrzunehmen. Auch die räumliche Orientierung gehört dazu.

Gehörsinn: Mit auditiver Wahrnehmung ist gleichfalls nicht nur das Hören an sich gemeint, sondern ein komplexer Vorgang, der von der Aufnahme bis hin zur Verarbeitung des Gehörten im Gehirn und die daran anknüpfenden Reaktionen und Fähigkeiten reicht. Dazu gehören u.a. die Fähigkeit, aus einer Geräuschkulisse bestimmte Töne oder Stimmen herauszuhören, die Fähigkeit, aufmerksam zuzuhören, ohne sich von Umgebungsgeräuschen ablenken zu lassen, oder die Fähigkeit, eine Geräuschquelle zu orten.

Geruchs- und Geschmackssinn: Mit 1,5 Millionen Riechzellen ausgestattet, unterscheidet die Nase Tausende von Duftnuancen. Durch die Verbindung zwischen den Riechbahnen und dem limbischen System im Gehirn haben Gerüche zudem Einfluss auf die Stimmung und wecken Erinnerungen an Orte, Personen oder Begebenheiten, die wir mit ihnen in Verbindung bringen.

Geruchs- und Geschmackssinn hängen eng zusammen. Vieles von dem, was wir schmecken, nehmen wir in Wirklichkeit mit der Nase wahr. Mit unserem Geschmacksorgan, der Zunge, können wir fünf Geschmacksrichtungen unterscheiden: süß, sauer, salzig, bitter und »umami« (der Begriff wurde von einem japanischen Wissenschaftler geprägt und lässt sich am besten mit »herzhaft-würzig« übersetzen).

Haut- oder Tastsinn: Unsere Haut ist weit mehr als nur eine schützende Körperhülle. Sie ist ein fein austariertes Sinnesorgan, das mit seinen Tastpunkten feinste Berührungen, minimale Temperaturunterschiede und kleinste Verletzungen wahrnehmen kann. Auf der gesamten Hautoberfläche befinden sich sensorische Rezeptoren, allerdings in unterschiedlicher Dichte: Besonders hoch ist die Konzentration von Tastrezeptoren beispielsweise an den Fingerspitzen und den Fußsohlen, auf den Lippen und der Zunge.

Muskel- und Stellungssinn: Der Muskelsinn liefert dem Gehirn Informationen über den Grad der Muskelspannung. Er ermöglicht es uns auch, den Spannungsgrad unserer Muskulatur willentlich zu beeinflussen und so den Krafteinsatz bei jeder Tätigkeit richtig zu dosieren.

Der Stellungssinn liefert dem Gehirn Informationen über die Stellung der Gliedmaßen zueinander und ermöglicht es uns, selbst bei geschlossenen Augen die Position und Lage unserer Körperteile zu erkennen.

Gleichgewichtssinn: Der Gleichgewichtssinn übermittelt dem Gehirn Informationen über die Lage, die wir in Bezug auf die Schwerkraft einnehmen, gibt Richtung und Geschwindigkeit von Drehungen an und reguliert bei jeder Art von (Fort-)Bewegung automatisch das Gleichgewicht.

Sinnestraining für helle Köpfe

Bereits im dritten Lebensjahrzehnt beginnen unsere Sinne an Leistungsfähigkeit zu verlieren. Dieser Prozess lässt sich jedoch mit Übungen für alle Sinne hinauszögern. Denn ähnlich wie die Muskulatur lässt sich auch die Wahrnehmung in den verschiedenen Sinnesbereichen trainieren. Entscheidend ist dabei, dass Sie die Übungen bewusst und achtsam ausführen. Wichtig ist außerdem, nicht nur einzelne Wahrnehmungsbereiche zu trainieren, sondern möglichst viele Sinne einzubeziehen. Denn obgleich wir manchen Sinnen – vor allem dem Seh- und Gehörsinn – mehr Bedeutung beimessen als anderen, so hat es einen großen Vorteil, wenn auch die übrigen Sinne in Bestform sind. Denn Informationen, die über mehrere Sinneskanäle aufgenommen werden, aktivieren das Gehirn am effektivsten und bleiben am besten im Gedächtnis haften.

Sehen und Hören

Wie bereits erwähnt, bedeutet Seh- und Hörwahrnehmung nicht nur das Sehen und Hören an sich, sondern schließt auch die Verarbeitung im Gehirn mit ein. Zwar gibt es wenige Möglichkeiten, das altersbedingt nachlassende Seh- oder Hörvermögen durch Training zu korrigieren. Wohl aber lässt sich die Verarbeitung von Seh- und Höreindrücken durch gezieltes Üben verbessern.

Tipp: Audio-Psycho-Phonologie

Bei einer eingeschränkten Hörwahrnehmung kann ein spezielles »Horchtraining« hilfreich sein: die sogenannte Audio-Psycho-Phonologie, die auf den französischen Arzt Alfred Tomatis (1920–2001) zurückgeht. Bei dieser Therapie hört der Patient über Kopfhörer individuell eingestellte Klänge, wobei sich zwei Kanäle ständig abwechseln, sodass beim Hören die inneren Ohrmuskeln abwechselnd angespannt und entspannt werden. Die wiederholte akustische Stimulation führt nicht nur zu einer Verbesserung der Hörwahrnehmung, sondern auch aller darauf aufbauenden Funktionen wie Gleichgewicht, Konzentration, Raumorientierung, Motorik und Sprache. Die (von manchen Wissenschaftlern angezweifelte) Wirksamkeit dieser Therapie konnte in den letzten Jahren durch Untersuchungen belegt werden.[20] Als komplementärmedizinische Methode wird die Therapie von den Krankenversicherungen aber gewöhnlich nicht anerkannt und die Kosten werden nicht erstattet.

Übung 11: Formen und Farben entdecken

Ein Spaziergang im Freien lässt sich wunderbar mit einem Training der Sehwahrnehmung verbinden:

Denken Sie sich als Erstes eine bestimmte Form aus: rund, oval, (recht-)eckig, kegelförmig ... Achten Sie dann auf Ihrem Weg ganz bewusst darauf, wo Sie diese Form überall entdecken können.

Eine Variation dieser Übung besteht darin, dass Sie unterwegs nach bestimmten Farben suchen.

Eine dritte Variante: Sie legen sich vorab auf keine bestimmte Form oder Farbe fest, sondern suchen auf dem Spaziergang möglichst viele verschiedene Formen bzw. Farben.

Übung 12: Geräusche in der Umgebung

Bei einem Waldspaziergang suchen Sie sich einen Platz, an dem Sie sich bequem niederlassen können. Sitzen Sie ganz locker und schließen Sie die Augen. Horchen Sie für eine Weile genau auf alle Laute und Geräusche, die an Ihr Ohr dringen: entfernte Stimmen, knackende Zweige, das Zwitschern der Vögel, das Brummen der Insekten, ein Rascheln im Laub ... Sie werden feststellen, dass viele Geräusche darunter sind, die Sie auf Ihrem bisherigen Spaziergang gar nicht bemerkt haben.

Diese Übung können Sie zwischendurch auch in anderen Situationen ausprobieren, z.B. zu Hause am geöffneten Fenster, auf einer Bus- oder Zugfahrt oder in einem Kaufhaus. Damit trainieren Sie Ihren Gehörsinn ebenso wie Ihre Aufmerksamkeit.

Riechen und Schmecken

Dass auch der Geruchs- und Geschmackssinn für die Gehirnfitness eine Rolle spielen, mag auf Anhieb nicht unbedingt einleuchten. Dennoch besteht ein gewisser Einfluss, insbesondere auf das Gedächtnis, da Düfte und Aromen Erinnerungen an Vergangenes wecken können. Durch aufmerksames Wahrnehmen von Düften und Aromen können wir unseren Geruchs- und Geschmackssinn verfeinern.

Übung 13: Duft-Memory

Für dieses Spiel brauchen Sie verschiedene frische Kräuter (Petersilie, Schnittlauch, Kresse, Zitronenmelisse, Lavendel ...) und mehrere Blatt Papier, etwa im Format DIN A5. Rubbeln Sie auf jedes Papierstück einen Kräuterzweig – ein Kraut sollte jeweils auf zwei Blättern vertreten sein –, sodass das Papier den jeweiligen Kräuterduft annimmt.

Verteilen Sie die Blätter unsortiert über den Tisch. Nun gilt es, ähnlich wie bei einem Bilder-Memory, die zwei zusammengehörigen Paare (in diesem Fall Düfte) zu finden.

Übung 14: Geschmackssache

Konzentrieren Sie sich hin und wieder bei einer Mahlzeit ganz auf den Geschmack des Essens: Kosten Sie jeden Bissen mit der Zunge, lassen Sie sich beim Kauen Zeit und versuchen Sie, die verschiedenen Aromen der Speisen bewusst zu schmecken.

Diese Übung ist besonders effektiv, wenn Sie die Speisen nicht selbst zubereitet haben. Versuchen Sie, möglichst viele Zutaten durch bewusstes Schmecken herauszufinden.

Tasten und Fühlen

Die Wahrnehmung der Haut hat einen großen Einfluss auf unser körperlich-geistig-seelisches Wohlbefinden. Vielfältige Tast- und Berührungsreize vermitteln uns ein gutes Gespür für unseren Körper. Das ist u.a. eine wesentliche Voraussetzung für Geschicklichkeit und koordinierte Bewegungen.

Übung 15: Steine ertasten

Legen Sie in ein Stoffsäckchen mehrere Steine in verschiedener Größe und aus verschiedenem Material (also nicht nur echte Steine aus der Natur, sondern auch Holzkugeln oder Spielsteine aus Kunststoff). Nutzen Sie kleine Pausen zwischendurch, um mit einer Hand in das Säckchen zu greifen und die Steine zu erfühlen. Das kann sehr entspannend sein. Und wenn Sie die Steine öfter austauschen, bleibt die Tastübung auch auf längere Zeit interessant.

Übung 16: Barfuß über Stock und Stein

Machen Sie einen Spaziergang im Wald zu einem Erlebnis für den Tastsinn: Ziehen Sie Ihre Schuhe und Strümpfe aus und achten Sie beim Barfußlaufen ganz bewusst auf die Spürreize, die sich Ihren nackten Fußsohlen bieten: Wie fühlt es sich an, über Gras, Moos, Steine, Zweige, Sand oder Erde zu laufen, im Wasser oder im Schlamm zu waten ...?

Sehr reizvoll kann im Übrigen der Besuch eines Barfußparks sein. Hier können die Besucher barfuß über einen Parcours laufen, der mit unterschiedlichsten Materialien ausgelegt ist – ein faszinierendes Spürerlebnis.

Muskelspannung und Gleichgewicht

Der Muskel- und Stellungssinn, der uns wie der Hautsinn ein Gespür für den eigenen Körper vermittelt, sorgt für gute Koordination und richtige Kraftdosierung. Meist ist es uns nicht bewusst, wenn sich unsere Muskulatur anspannt. Deshalb kann eine erhöhte Muskelspannung – z.B. durch Stress – lange unbemerkt bleiben. Durch aufmerksames Üben können wir jedoch die Grundspannung unserer Muskulatur positiv beeinflussen.

Auch Gleichgewichtsübungen haben einen spürbaren Nutzen. Sie bringen uns nicht nur körperlich und seelisch in Balance, sondern sorgen auch für einen hellwachen Geist. Wenn Sie sich müde und erschöpft fühlen, kann Ihnen eine Gleichgewichtsübung helfen, rasch wieder leistungsfähig zu werden.

Übung 17: Anspannen und loslassen

Setzen oder legen Sie sich bequem hin und lockern Sie Arme, Schultern und Beine. Schließen Sie die Augen. Spannen Sie nun nacheinander die Muskeln einzelner Körperpartien an, halten Sie die Spannung für einige Sekunden und lassen Sie dann wieder los. Atmen Sie währenddessen gleichmäßig und ruhig weiter. Gehen Sie beim An- und Entspannen in dieser Reihenfolge vor: Zehen – Waden – Oberschenkel – Pobacken – Bauchmuskeln – Schultern und Oberarme – Hände.

Diese Übung können Sie unbemerkt fast überall anwenden, ob im Job, auf Reisen oder zu Hause. Sie lässt sich auch gut zur Entspannung in akuten Stresssituationen anwenden.

Übung 18: Seiltanz am Boden

Stellen Sie im aufrechten Stand den rechten Fuß vor den linken, als würden Sie auf einem Hochseil stehen. Strecken Sie dann beide Arme neben Ihrem Körper waagrecht zur Seite aus und schließen Sie die Augen. Gehen Sie nun langsam in die Hocke, ohne die Füße von der Stelle zu bewegen. Anschließend richten Sie sich wieder auf. Sobald Ihr Körper wieder gerade durchgestreckt ist, heben Sie das Gesicht nach oben und drehen Sie den Kopf langsam erst nach rechts, dann nach links. Die Augen bleiben geschlossen, die Füße sollten sich nicht von der Stelle bewegen. Sie werden feststellen, dass es sehr schwierig ist, bei allen Bewegungen das Gleichgewicht zu halten.

Variieren Sie nach zwei bis drei Durchgängen die Übung, indem Sie diesmal den linken Arm nach vorne und den rechten nach hinten ausstrecken.

»Sinn-volle« Zusammenarbeit

Unsere Sinne ergänzen sich gegenseitig. Sie arbeiten nicht isoliert, sondern kooperieren ständig miteinander. Das bedeutet, dass bei jeder Sinneserfahrung – sei es Sehen, Hören oder Fühlen – immer auch andere Wahrnehmungsbereiche angesprochen werden. Und bei jeder Tätigkeit, die wir verrichten, ist unser Gehirn damit beschäftigt, aus unzähligen einzelnen Eindrücken ein sinnvolles Ganzes zu machen.

So gesehen bieten wir unserem Gehirn die optimalen Trainingsreize, wenn wir mehrere Sinnesbereiche gleichzeitig trainieren. Bei den nachfolgenden drei Übungen sind vor allem der Sehsinn, der Tastsinn und die Eigenwahrnehmung des Körpers (insbesondere der Muskel- und Stellungssinn, bei Übung 21 auch der Gleichgewichtssinn) gefordert, damit die Aufgaben bewältigt werden können.

Übung 19: Dreiecke nachzeichnen

Malen Sie auf ein Blatt Papier im DIN-A3-Querformat zwei Dreiecke nebeneinander und kleben Sie den Bogen in Augenhöhe an eine Tür. Legen Sie beim linken Dreieck den Zeigefinger Ihrer linken Hand an der linken äußeren Ecke an, beim rechten Dreieck den Zeigefinger Ihrer rechten Hand an der rechten äußeren Ecke. Zeichnen Sie nun beide Dreiecke gleichzeitig erst im Uhrzeigersinn, dann im Gegenuhrzeigersinn nach.[21]

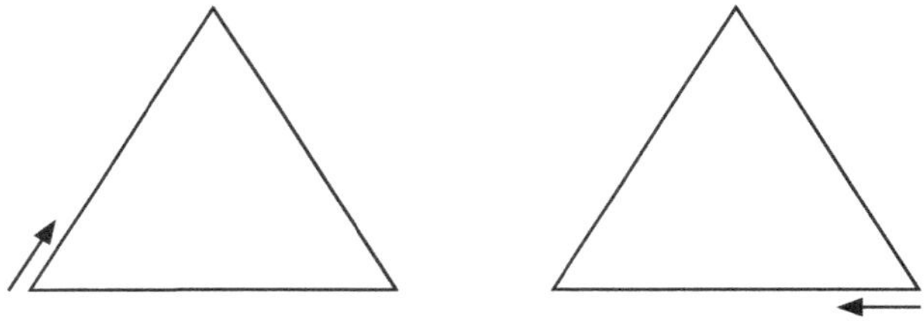

Übung 20: Dreieck und Kreis

Malen Sie auf ein Blatt im DIN-A3-Querformat nebeneinander ein Dreieck und einen Kreis. Befestigen Sie den Bogen in Augenhöhe an einer Tür oder Wand. Setzen Sie Ihre Zeigefinger auf den beiden Figuren an beliebiger Stelle an und zeichnen Sie die Formen nach, indem Sie gleichzeitig beginnen und möglichst gleichzeitig wieder am Ausgangspunkt landen. Zeichnen Sie erst beide Figuren im Uhrzeigersinn, dann im Gegenuhrzeigersinn, dann wieder in entgegengesetzter Richtung nach.

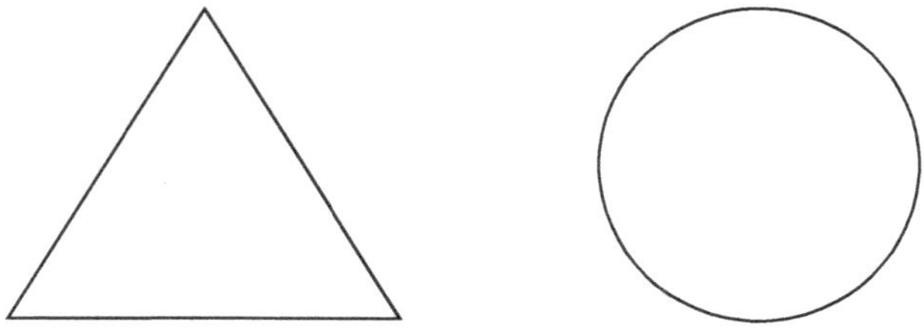

Übung 21: Tanzende Tücher

Nehmen Sie in jede Hand ein Chiffon- oder leichtes Seidentuch und stellen Sie sich mit beiden Beinen hüftbreit aufrecht hin. Beginnen Sie als Erstes, in gleichmäßigen Schritten auf der Stelle zu marschieren. Dann werfen Sie, ohne Ihren Marsch zu unterbrechen, beide Tücher gleichzeitig senkrecht nach oben und fangen sie auf.

Als Nächstes steigern Sie den Schwierigkeitsgrad, indem Sie die Tücher parallel hochwerfen und mit überkreuzten Armen wieder auffangen.

Life Kinetik®: Wahrnehmung und Bewegung

Life Kinetik® ist der Name eines speziellen Bewegungsprogramms zur Gehirnentfaltung, das der Diplomsportlehrer und Gesundheitscoach Horst Lutz (siehe die Literaturangabe im Anhang) entwickelt hat. Mit diesem Training werden dem Körper ungewöhnliche Aufgaben gestellt, die Wahrnehmung, Bewegung und zum Teil auch kognitive Aufgaben (wie Zählen, Buchstabieren, Reimen) miteinander verbinden. Die motorischen und kognitiven Aufgaben werden dabei ständig neu kombiniert.

Auf den ersten Blick sehen die Übungen relativ einfach aus. In Wirklichkeit sind sie so angelegt, dass sie gerade noch zu schaffen sind. Gewöhnlich klappt es auch nicht gleich beim ersten Mal. Doch der Reiz besteht gerade darin, dass die Herausforderung größer ist, als es zunächst den Anschein hat. Das weckt Ehrgeiz, sodass man kaum umhin kommt, eine Übung so lange zu wiederholen, bis sie – in der Regel nach etwa ein bis zwei Minuten – gelingt.

Hier kommt ein wichtiges Prinzip von Life Kinetik® ins Spiel: Es geht nicht darum, eine Übung irgendwann perfekt zu beherrschen. Ganz im Gegenteil: Eine Aufgabe sollte immer nur so lange geübt werden, bis sie bei zehn Versuchen etwa viermal gelingt. Dann sollte man zu einer neuen Übung übergehen.

Hinter diesem Konzept steckt das Ziel, ständig neue Trainingsreize zu schaffen. Das Gehirn soll auf diese Weise veranlasst werden, Neues auszuprobieren und immer wieder andere Strategien zu entwickeln, um mit einer jeweiligen Aufgabe fertigzuwerden. So werden sehr effektiv neue Verknüpfungen im Gehirn geschaffen.

Tipp: Regelmäßig trainieren – am besten in der Gruppe
Um von den Trainingseffekten von Life Kinetik® voll zu profitieren, sollten Sie jede Woche etwa 60 Minuten lang trainieren – am besten mit professioneller Anleitung in einer Gruppe. Denn wer allein trainiert, kommt nur allzu leicht in Versuchung, eine Aufgabe bis zur Perfektion zu üben. Und genau das ist ja bei Life Kinetik® nicht beabsichtigt. Ein erfahrener Trainer, eine Trainerin hört dagegen rechtzeitig mit einer Übung auf und geht zu einer neuen über. Und auch wenn es Ihnen zunächst unangenehm sein mag, mit einer Aufgabe nicht auf Anhieb klarzukommen, sollte Ihnen das nicht allzu viel ausmachen. Sie werden feststellen, dass es den anderen Teilnehmern genauso geht. So sorgen gerade die kleinen Pannen in den Trainingsstunden oft für große Heiterkeit. Manche der Übungen können im Übrigen nur zu zweit oder in kleinen Gruppen ausgeführt werden, andere erfordern außerdem eine Ansage der Trainerin oder des Trainers, auf die die Teilnehmer möglichst schnell reagieren sollen. Dabei werden Sie merken: Das Training in der Gruppe macht einfach mehr Spaß. Life-Kinetik®-Trainer in Ihrer Nähe finden Sie unter dem Link: www.lifekinetik.de/trainer/deutschland/

Life Kinetik® eignet sich prinzipiell für alle Altersstufen. Die Übungen werden u.a. im Schulsport, im Leistungssport, in der Gesundheitsvorsorge und im Seniorensport angewendet. Ein regelmäßiges Training hat vielseitige Effekte, die inzwischen wissenschaftlich nachgewiesen sind:[22]

- Das Gleichgewicht und die Koordination verbessern sich.
- Die Konzentration nimmt zu.
- Die Reaktions- und Handlungsschnelligkeit erhöht sich.
- Die Stressresistenz wächst.
- Die sportliche Leistungsfähigkeit nimmt zu.

Wie gesagt, es ist besser, in einer Gruppe zu trainieren, anstatt allein zu Hause. Dennoch spricht nichts dagegen, dass Sie es erst mal für sich allein versuchen. Um eine Vorstellung davon zu bekommen, wie Life Kinetik® funktioniert, probieren Sie am besten die nachfolgenden Übungen aus.[23]

Übung 22: Parallelball

Nehmen Sie in jede Hand einen Jonglierball und stellen Sie sich aufrecht hin, die Füße in Hüftbreite. Die beiden Handrücken zeigen nach unten. Werfen Sie gleichzeitig beide Bälle senkrecht nach oben und fangen Sie sie mit überkreuzten Armen auf. Aus dieser Überkreuzposition werfen Sie die Bälle erneut nach oben, lösen die Überkreuzung auf und fangen die Bälle mit parallel ausgestreckten Unterarmen auf.

Sobald Ihnen die Übung bei vier bis fünf von zehn Versuchen gelingt, sollten Sie sie variieren: Achten Sie darauf, dass beim Überkreuzen der Unterarme nun die Hand oben ist, die zuvor unten war. Das dürfte den Anspruch der Übung etwas steigern, da Sie vorher vermutlich automatisch die Überkreuzposition gewählt haben, die Ihnen leichter fällt.

Übung 23: Parallelball mit Überkreuzung und Sprung

Stellen Sie sich wie in der vorigen Übung mit zwei Jonglierbällen in den Händen aufrecht hin, diesmal mit überkreuzten Beinen. Die Handrücken schauen wieder zum Boden. Werfen Sie nun beide Bälle nach oben und springen Sie gleichzeitig vom Boden ab. Während Ihr Körper in der Luft ist, lösen Sie die Überkreuzstellung der

Beine auf und überkreuzen dafür die Unterarme. In dieser Position fangen Sie nach Ihrer Landung auf dem Boden die beiden Bälle auf.

Wie in Übung 22 sollten Sie auch hier nach einigen gelungenen Versuchen die Übung variieren, indem Sie die Beine und die Unterarme anders überkreuzen: Wenn vorher das rechte Bein vor dem linken und der linke Arm über dem rechten waren, machen Sie es diesmal genau umgekehrt.

Übung 24: Tuch wirbeln und Ball fangen

Stellen Sie sich aufrecht, mit leicht gegrätschten Beinen hin, in der linken Hand ein Chiffon- oder Seidentuch, in der rechten einen Trainingsball (ca. 15 Zentimeter Durchmesser). Lassen Sie zuerst das Tuch seitlich über Ihrem Kopf kreisen. Dann werfen Sie, ohne den Tuchwirbel zu unterbrechen, den Ball nach oben und fangen ihn wieder auf.

Als Nächstes variieren Sie die Übung, indem Sie erneut das Tuch kreisen lassen, diesmal jedoch den Ball auf den Boden prellen und danach wieder auffangen.

Für die dritte Variante brauchen Sie einen Partner, der Ihnen Zahlenkommandos gibt: Nennt er eine gerade Zahl, werfen Sie den Ball nach oben, bei einer ungeraden Zahl prellen Sie ihn auf den Boden.

5. Neues ausprobieren, kreativ werden

Unser Alltagsleben ist von zahlreichen Routineabläufen begleitet. Um den Geist vielseitig zu fordern, sollte man daher gelegentlich die Routinen durchbrechen und sich Dingen zuwenden, mit denen man sich normalerweise nicht beschäftigt. Eine sehr reizvolle Herausforderung kann es auch sein, eine ganz neue Fähigkeit zu erlernen, etwa ein Musikinstrument, einen Tanz oder eine künstlerisch-handwerkliche Tätigkeit. Das Gehirn wird dabei auf besondere Weise gefordert: Wer beispielsweise ein neues Instrument oder einen neuen Tanz einstudiert, muss neue Bewegungen einüben und diese auf bisher ungekannte Weise koordinieren.

Routinen durchbrechen

Zu den Tätigkeiten unseres Alltags gehören all die Aufgaben, die wir dank vieler Wiederholungen gleichsam automatisch erledigen können, ohne ihnen besondere Aufmerksamkeit zu widmen. Solche Routinetätigkeiten machen uns das Leben einerseits leichter, denn dann haben wir den Kopf frei für ungewohnte Aufgaben, die unsere volle Konzentration erfordern. Andererseits verleiten uns Routinen nur allzu leicht dazu, es uns in der Komfortzone gemütlich einzurichten. So vermeiden wir es – vielleicht unbewusst –, neue Herausforderungen anzunehmen, an denen wir wachsen und uns weiterentwickeln könnten. Deshalb ist es wichtig, immer wieder aus dem Alltagstrott herauszutreten. Das mag unbequem klingen, muss es jedoch nicht sein. Denn Routinen zu durchbrechen, bedeutet nicht zwangsläufig, sich Disziplin und Strenge aufzuerlegen. Letztlich geht es nur darum, zwischendurch etwas anderes als stets das Gleiche zu tun.

Der Reiz des Neuen

Sie müssen sich jedenfalls nicht zu ungewohnten Abläufen zwingen, die Ihnen widerstreben. Gehen Sie es stattdessen spielerisch an, etwa mit kleinen Alltagsexperimenten wie diesen:

Die Seite wechseln: Sie können Ihrem Gehirn schon dadurch eine neue Aufgabe stellen, dass Sie die üblichen Tätigkeiten mit der anderen als der bevorzugten Hand erledigen. Wenn Sie Rechtshänder sind, machen Sie zwischendurch einfach alles »mit links« (und umgekehrt). Platzieren Sie am Schreibtisch das Telefon und die Computermaus auf der linken Seite und versuchen Sie, sich auch handschriftliche Notizen mit der linken Hand zu machen, selbst wenn die Schrift dabei krakelig wird. Wenn Sie merken, dass es Ihnen zu anstrengend wird, können Sie die Seite wieder wechseln.

Neue Wege gehen: Das ist durchaus wörtlich zu verstehen. Wählen Sie auf dem Weg zur Arbeit oder bei einem Spaziergang einfach eine andere Route oder ein anderes Verkehrsmittel als sonst. Nehmen Sie dabei auch mal einen Umweg in Kauf. Vielleicht entdecken Sie auf diese Weise neue, inspirierende Orte, die Sie erkunden könnten, beispielsweise einen versteckten Hinterhof oder ein idyllisches Gärtchen. Wenn Sie bei einer solchen Erkundung eine Kamera (oder ein Handy) dabeihaben, können Sie Ihre Entdeckungen in einer kleinen Fotoserie festhalten.

Zweckentfremdung: Wählen Sie einen alltäglichen Gegenstand aus und versuchen Sie, einen neuen Verwendungszweck dafür zu finden. Ein Bilderrahmen lässt sich beispielsweise auch als Tablett verwenden, eine leere Pralinenschachtel als Schmuckschatulle, eine Plastikschüssel als Lampenschirm etc. Auch Objekte, die Sie entsorgen wollen, können Sie auf ihre Wiederverwendung hin prüfen: Leere CD-Spindeln eignen sich zum Aufbewahren von Kabeln, leere Ketchupflaschen als Behälter für Salatsoßen, leere Weinflaschen lassen sich – kopfüber in die Erde gegraben – als Einfassung für Gartenbeete verwenden etc.

Rollentausch: Übernehmen Sie in Ihrem häuslichen Tagesablauf einmal eine Aufgabe Ihres Partners, Ihrer Partnerin. Wenn Sie ihm oder ihr beispielsweise bisher das Kochen, Bügeln, Heimwerken oder die Gartenarbeit überlassen haben, erklären Sie sich für eine Weile in diesem Bereich als (mit) zuständig. Die ungewohnten Handgriffe werden Sie für eine Weile erhöhte Aufmerksamkeit kosten – und Ihre grauen Zellen entsprechend fordern. Manchmal treten auch angenehme Nebeneffekte auf: Der Körpereinsatz, der etwa bei der Gartenarbeit nötig ist, vertreibt z.B. belastende Gedanken. Und eine ruhige Tätigkeit wie Bügeln kann sehr entschleunigend wirken.

Zu zweit geht's besser: Ganz allgemein wird die Lust an solchen Experimenten länger erhalten bleiben, wenn Sie auch Ihren Partner, Ihre Partnerin dazu motivieren können. Zu zweit macht es einfach mehr Spaß, immer neue Möglichkeiten zu erkunden, mit denen Sie neuen Schwung in den Alltagstrott bringen können.

Tipp: Nouvelle Cuisine

Auch das hilft, Routinen zu durchbrechen: Wählen Sie einen bestimmten Tag der Woche aus, an dem Sie etwas ganz Unübliches kochen. Je mehr das Gericht von Ihrem üblichen Speiseplan abweicht, desto besser. Eine überlegte Auswahl der Zutaten kann Ihnen unter Umständen sogar doppelten Nutzen bringen – sofern Sie gezielt Nahrungsmittel auswählen, die als Gehirnnahrung gelten. Näheres dazu finden Sie in Kapitel 8: Lassen Sie sich von den Infos und Rezepten in diesem Kapitel inspirieren!

Mit eigenen Händen Neues schaffen

Eine besonders schöne Möglichkeit, von ausgetretenen Pfaden abzuweichen, ist die Wahl eines neuen Hobbys, bei dem Sie künstlerisch tätig werden und mit eigenen Händen etwas Schönes gestalten können.

Zeichnen, Malen und Bildhauerei, kunsthandwerkliche Tätigkeiten wie Töpfern, Schnitzen oder (Gold- und Silber-)Schmieden und textiles Gestalten wie Stricken oder Nähen regen das Gehirn sehr effektiv an: Alle Sinne werden dabei angesprochen und die feinmotorische Geschicklichkeit wird ebenso trainiert wie das konzeptionelle Denken und der Sinn für Ästhetik. So werden durch die ungewohnten Herausforderungen im Gehirn neue Verknüpfungen angelegt.

Am besten dürfte Ihnen der Einstieg in ein künstlerisches Hobby, das Sie reizt, unter fachkundiger Anleitung in einem Kurs gelingen. Nehmen Sie dazu einfach das Kursprogramm der Volkshochschule oder einer anderen Bildungseinrichtung für Erwachsene zur Hand. Dort werden Sie bestimmt fündig.

Musik und Tanz beflügeln den Geist

In den letzten Jahren hat sich die Forschung sehr eingehend mit der Frage befasst, wie Musik auf das Gehirn wirkt. So fand man u.a. heraus, dass allein das bewusste Hören von Melodien und Rhythmen eine intensive Aktivierung in mehreren Arealen des Gehirns bewirkt – von den Bereichen, die für die Verarbeitung von Hörreizen oder für die Handlungsplanung zuständig sind, bis hin zum limbischen System, in dem Gefühle entstehen.[24]

Musikalisches Gehirntraining

Beim aktiven Musizieren wird das Gehirn noch intensiver angeregt. Denn dabei werden Fähigkeiten geübt, die auch im Alltag nützlich sind: Wer an einem Musikinstrument übt, trainiert u.a. seine Feinmotorik, die Koordination, das Gedächtnis, die Hörwahrnehmung und – beim gemeinsamen Musizieren in einer Gruppe – das Reaktions- und Einfühlungsvermögen.[25]

Versuche mit erwachsenen Klavieranfängern haben außerdem gezeigt, dass sich schon nach erstmaligem Üben von etwa 20 Minuten Dauer neue Nervenverbindungen in den Bereichen des Gehirns nachweisen lassen, die für die auditive Wahrnehmung und die Motorik zuständig sind. Nach fünf Übungswochen lassen sich dann weitere Veränderungen erkennen: Allein durch Musikhören werden nun im Großhirn die Bereiche aktiviert, die die Handmotorik steuern. Umgekehrt aktiviert das lautlose Klavierspielen auf einer stummen Tastatur die Bereiche im Gehirn, die für die Hörverarbeitung zuständig sind.[26]

Tipp: Musik und Tanz schützen das alternde Gehirn

Inzwischen gibt es zahlreiche Belege dafür, dass aktives Musizieren und Tanzen einen günstigen Einfluss auf das Gehirn eines alternden Menschen haben. So haben Untersuchungen ergeben, dass bei Musikern im fortgeschrittenen Alter ein geringerer Abbau von Gehirnsubstanz erkennbar ist als bei Nichtmusikern. Manche Neurowissenschaftler schließen daraus, dass sich durch aktives Musizieren ebenso wie durch Tanzen die »kognitiven Reserven« vergrößern. Das könnte dem Gehirn einen gewissen Schutz vor Demenzerkrankungen bieten, weil das Auftreten einer solchen Erkrankung dadurch möglicherweise hinausgezögert wird.[27]

Tanzend den Geist auf Touren bringen

Auch die positive Wirkung des Tanzens ist wissenschaftlich belegt. So hat eine Studie der Universität Bochum mit einer Gruppe von Senioren ergeben, dass bereits eine Stunde Tanzen pro Woche die kognitiven Fähigkeiten deutlich verbessert, insbesondere die Konzentration und das Reaktionsvermögen. Das gilt, soweit es die Reaktionsfähigkeit angeht, in erster Linie für Paartänze. Denn wer mit einem Partner tanzt, muss nicht nur seinen eigenen Schritten und Drehungen Aufmerksamkeit schenken, sondern seine Bewegungen auch mit denen des Partners abgleichen – und das im Bruchteil von Sekunden.[28]

Doch nicht nur Senioren, auch junge Menschen können von den positiven Effekten des Tanzens profitieren. Motorik, Konzentration, Langzeit- und Kurzzeitgedächtnis – all diese Bereiche werden dabei intensiv angesprochen. In einer wissenschaftlichen Studie wurden beispielsweise die Hirnaktivitäten von Tangotänzern gemessen. Dabei zeigte sich, dass besonders die Hirnareale aktiv waren, die für die räumliche Orientierung und für das Gedächtnis zuständig sind. Das zeigt, wie eng die neuronale Verbindung zwischen Wahrnehmung und Bewegung ist.[29]

Tanz macht Schule

Ein außergewöhnliches Schulprojekt startete vor einigen Jahren am Goethe-Gymnasium in Regensburg: Unter dem Titel »Tanzklasse!« wurden in einer fünften Klasse Lehrplaninhalte der Fächer Musik, Sport, Mathematik und Deutsch durch Methoden des kreativen Tanzes ergänzt. Das bedeutete: Nicht nur im Musik- und Sportunterricht, auch in den anderen Fächern wurde Tanz als ergänzende Unterrichtsmethode eingesetzt. Die Idee dabei war nicht nur, allgemein mehr Bewegung in den Unterricht zu bringen, um etwa die Konzentration der Schüler zu verbessern. Vielmehr ging es darum, Lerninhalte in Bewegung umzusetzen und sie dadurch einprägsamer zu vermitteln.

Das Konzept leuchtete den meisten Eltern und Schülern auf Anhieb ein, soweit es die Fächer Sport und Musik betraf. Doch bei der Frage, ob man auch Fächer wie Mathematik oder Deutsch durch Tanz und Bewegung vermitteln kann, hegten manche zunächst Zweifel. Dass es möglich ist, konnten die Initiatoren des Projekts jedoch überzeugend vermitteln. Tatsächlich lassen sich viele tänzerische Elemente (wie z.B. Rhythmus, räumliche Orientierung, Zeitstrukturen, Anatomie etc.) in anderen Fächern wiederfinden. So lag es nahe, diese Parallelen zu nutzen, indem man beispielsweise versuchte, im Fach Deutsch bestimmte Worteigenschaften oder in Mathematik geometrische Figuren auf Körperfiguren zu übertragen.

Überhaupt waren die Initiatoren des Projekts überzeugt, dass sich Lerninhalte besser im Gehirn verankern, wenn sie nicht nur mit dem Kopf, sondern mit dem gesamten Körper aufgenommen werden. Sie sollten recht behalten: Das Projekt wurde ein voller Erfolg. Es kam bei Schülern und Eltern so gut an, dass es in den nachfolgenden Schuljahren fortgesetzt und auf alle Kernfächer ausgeweitet wurde.[30]

Mit Händen und Füßen im Rhythmus

Beim Musizieren und Tanzen muss das Gehirn vieles gleichzeitig steuern: Motorik und Körperkoordination, Reaktionsvermögen und Rhythmusgefühl, Aufmerksamkeit und Gedächtnis. Probieren Sie dazu einmal die folgenden Rhythmusübungen aus.

Übung 25: Bodypercussion

Bemalen Sie 18 bzw. 24 Kärtchen mit den folgenden Symbolen, denen jeweils eine Körperbewegung zugeordnet ist. Jedes Symbol sollte auf drei bzw. vier Kärtchen abgebildet sein:

⋈ = Händeklatschen ⊕ = Oberschenkelklatschen
◄ = linker Fuß stampft ► = rechter Fuß stampft
 = mit der Zunge schnalzen  = Fingerschnippen

Ordnen Sie nun einen Teil der Kärtchen nach folgendem Muster in Vierergruppen an und versuchen Sie, mit den entsprechenden Bewegungen einen Rhythmus im Vierertakt zu erzeugen:

Wenn Sie alle Bewegungen flüssig ausführen können, ändern Sie das Rhythmusmuster, indem Sie mit einer anderen Auswahl an Kärtchen eine neue »Notenzeile« legen. Wählen Sie dabei die Schwierigkeitsstufe, die Sie gerade noch bewältigen können.

Durch das Üben solcher Abläufe verbessern Sie nicht nur Ihre Beweglichkeit, sondern auch diverse kognitive Leistungen. Vor allem Ihr Arbeitsgedächtnis ist gefordert, denn Sie müssen sich mehrere Symbole auf einmal merken und sie unmittelbar in Bewegung umsetzen. Die nachfolgende Übung, bei der Sie sich Schrittfolgen einprägen und sie mit Klatschen verbinden sollen, trainiert vor allem die Konzentration und Körperkoordination.

Übung 26: Tanzen und klatschen

In der Ausgangsposition stehen Sie mit geschlossenen Beinen. Versuchen Sie nun, im Zwölferrhythmus (bestehend aus vier Dreiertakten) das unten dargestellte Schrittmuster zu erzeugen:

Beim ersten Dreiertakt setzen Sie den linken Fuß (1) in der Mitte (Ausgangsposition) auf, den rechten Fuß (2) rechts außen und den linken (3) wieder in der Mitte. Beim zweiten Dreiertakt setzen Sie den rechten Fuß (4) in der Mitte auf, den linken Fuß (5) links außen und den rechten (6) in der Mitte. Beim dritten Dreiertakt setzen Sie erst den linken (7), dann den rechten Fuß (8) in der Mitte auf, dann den linken Fuß links außen (9). Beim vierten Dreiertakt setzen Sie den rechten Fuß rechts außen auf, dann den linken (11) und rechten (12) in der Mitte.

4. Dreiertakt	11	12 10
3. Dreiertakt	9 7	8
2. Dreiertakt	5	6 4
1. Dreiertakt	3 1	2
Ausgangsposition	Linker Fuß	Rechter Fuß

Als Nächstes legen Sie Musik im Dreiertakt (z.B. Walzermusik) auf und klatschen im Rhythmus mit: Beim ersten Dreier klatschen Sie auf 3, beim zweiten auf 6, beim dritten auf 9 und beim vierten (Achtung!) auf 10.

Volle Wirkung auf Körper, Geist und Psyche entfalten Musik und Tanz allerdings nicht beim einsamen Üben, sondern erst in der Gemeinschaft mit anderen Menschen. Es lohnt sich daher, die Programme von Tanzstudios und Volkshochschulen durchzusehen. Ob mit oder ohne Tanzpartner, Sie können unter einem großen Angebot an Tanzkursen auswählen: von Standard- und Latinotänzen über Ballett und Stepptanz bis hin zu Bauchtanz und Flamenco. Dasselbe gilt für das Erlernen eines Instruments: Ganz gleich, ob Sie ein Saiten-, Tasten-, Blas- oder Rhythmusinstrument erlernen wollen, im Zusammenspiel mit anderen macht das Musizieren einfach mehr Spaß. Das motiviert zum Weitermachen und erhöht insofern auch den Lerneffekt.

Tipp: Bühne frei!

Sehr schöne Möglichkeiten, den Geist anzuregen, sind auch der Gesang und das Theaterspiel. In einem Chor oder einer Theatergruppe können Sie sich körperlich, geistig und emotional einbringen, das Gehirn wird also auch hier sehr vielseitig angesprochen. Wenn Sie sich lange Texte einprägen, trainieren Sie damit Ihre Merkfähigkeit. Im Zusammenspiel mit der Gruppe verbessern Sie Ihre Eigenwahrnehmung und Ihr Auftreten. Und Sie erleben Ihre Stimme als wirksames Instrument, mit dem Sie andere Menschen erreichen können. All dies – und nicht zuletzt der Applaus – lässt Ihr Selbstbewusstsein wachsen.

6. Sprachkunst und Wortgewandtheit

»Die deutsche Sprache sollte sanft und ehrfurchtsvoll zu den toten Sprachen abgelegt werden, denn nur die Toten haben genügend Zeit, sie zu lernen.« Dieses Bonmot geht auf den amerikanischen Schriftsteller Mark Twain (1835–1910) zurück, der einst einen ebenso amüsanten wie vernichtenden Aufsatz über die »schreckliche deutsche Sprache« verfasste.[31] Gewiss nahm Mark Twain die Tücken unserer Muttersprache nicht ohne Grund aufs Korn. Doch sollte uns das nicht davon abhalten, an unserem sprachlichen Ausdruck zu feilen. Denn wer Wert auf eine brillante Sprache legt, gilt zurecht als klug und gebildet – und bietet seinem Gehirn obendrein ein vorzügliches Training.

Gut gesagt

Ein überzeugender Sprachstil ist keineswegs nur etwas für Wortkünstler, denen das entsprechende Talent in die Wiege gelegt wurde. Sei es beim Reden oder beim Schreiben – etwas Übung vorausgesetzt, kann jeder seine Zuhörer oder Leser mit treffenden Worten und griffigen Sätzen einfangen.

Fünf Gebote für eine Sprache, die ankommt

Wenn Sie eine gelungene Rede halten oder einen überzeugenden Text verfassen wollen, sollten Sie beim Formulieren Ihrer Sätze vor allem die folgenden Punkte beachten:

Lange Schachtelsätze vermeiden: Gönnen Sie jedem neuen Gedanken einen eigenständigen Satz, statt viele Informationen in ein langes, verschachteltes Satzgebilde zu packen. Lange Sätze müssen

Sie zwar nicht grundsätzlich meiden, doch auf eingeschobene Nebensätze, die womöglich länger als der Hauptsatz sind, sollten Sie verzichten. Wenn Sie viele kurze mit wenigen langen Sätzen abwechseln, verleiht das Ihrem Text Lebendigkeit und Spannung.

Treffende Begriffe suchen: Kraft- und ausdrucksvoll sollten vor allem die Verben sein, die Sie verwenden. Verben bringen Bewegung und Tempo in Ihren Text, vor allem, wenn Sie sich die Mühe machen, statt eines übergeordneten Verbs den exakt treffenden Ausdruck zu finden: statt »laufen« also z.B. »hasten, sausen, jagen, rasen, stürmen, flitzen, hetzen, fegen ...« Versuchen Sie auch, ein allgemeines Adjektiv wie »groß« durch einen genaueren Begriff zu ersetzen: »ansehnlich, geräumig, beträchtlich, immens ...«

Aktiv- statt Passivsätze verwenden: Passivkonstruktionen wirken nicht nur schwerfällig, sie unterschlagen oft auch Informationen. Verstecken Sie die handelnden Personen also nicht unnötig hinter einer Formulierung wie »Es wurde darauf verzichtet ...« oder »Die Entscheidung wurde begrüßt«. Sagen Sie stattdessen, wer verzichtet oder die Entscheidung begrüßt hat.

Ballast abwerfen: Als Redner oder Rednerin kommt man manchmal nicht umhin, verzichtbare Wörter wie »sozusagen«, »gewissermaßen«, »übrigens«, »eigentlich« oder »zweifellos« in den Text einzubauen, weil solche Füllwörter Zeit zum Überlegen geben. Beim Schreiben sollten Sie solche Konjunktionen dagegen äußerst sparsam verwenden, weil sie den Text sonst überfrachten, statt ihn zu würzen.

Verständlich formulieren: Kaum etwas ist schwieriger, als komplizierte Zusammenhänge leicht verständlich zu erklären. Doch machen Sie sich die Mühe, Ihren Zuhörern oder Lesern zuliebe. Arbeiten Sie mit Bildern und Vergleichen (»größer als zehn Fußballfelder«) und verwenden Sie anschauliche Beispiele, damit man Ihren Ausführungen folgen kann.

Ins Schwarze getroffen

Ihre Sprachgewandtheit können Sie auch dadurch üben, dass Sie Ihre Schlagfertigkeit verbessern. Denn diese Kunst ist nicht nur eine Frage des Talents, sie lässt sich bis zu einem gewissen Grad auch erlernen. Schlagfertigkeit bedeutet zwar genau genommen, dass man bei einer Verbalattacke spontan in der Lage ist, eine treffende Antwort zu finden. Sie können sich auf manche unliebsamen Situationen jedoch auch vorbereiten, indem Sie bestimmte Schlagfertigkeitstechniken verinnerlichen. Empfehlenswert sind vor allem Techniken wie diese:

- Kontern Sie eine kritische Bemerkung mit einer Frage: »Was wäre deiner Ansicht nach besser?«
- Stimmen Sie einem Vorwurf unerwartet zu: »Klar war ich zu faul zum Aufräumen, was dachtest du denn?«
- Entkräften Sie eine abwertende Bemerkung durch ein Gedankenspiel: »Du nennst mich geizig. Wäre es dir lieber, wenn ich schon am Monatsanfang pleite wäre?«
- Etikettieren Sie einen Vorwurf durch eine positive Darstellung um: »Wenn widerspenstig bedeutet, dass ich nicht zu allem Ja und Amen sage – o.k., dann bin ich widerspenstig.«
- Begegnen Sie einer ungehobelten Bemerkung mit feiner Ironie: »Ich hoffe, es ist dir recht, wenn ich jetzt höflich antworte.«

Sie sehen, solche Techniken erfordern Überlegung und Kreativität – ein gutes Training für Ihre grauen Zellen. Achten Sie bei plumpen Verbalattacken unbedingt darauf, dass Sie sich niemals auf das Niveau Ihres Gegenübers begeben. Würzen Sie Ihre Antworten stattdessen mit Humor und wohldosierter Ironie. Das lässt Sie geistreich, souverän und gelassen erscheinen.

Für manchen dummen Spruch, den Sie nicht nur einmal, sondern immer wieder zu hören bekommen, können Sie sich schon vorab eine treffende Antwort zurechtlegen. Wie das aussehen kann, zeigen die Beispiele in der folgenden Übung.

Übung 27: Schlagfertige Antworten finden

Versuchen Sie, zu den folgenden Beispielen eine schlagfertige Antwort zu finden. Sie können die Beispielliste je nach Ihren persönlichen Erfahrungen beliebig fortsetzen. (Beispielantworten finden Sie in den Anmerkungen im Anhang.[32])

1. »Typisch Frau! (Typisch Mann!)« ______________________
2. »Wer A sagt, muss auch B sagen.« ______________________
3. »Dein Fahrstil ist katastrophal.« ______________________
4. »Du wirst ja schon wieder rot!« ______________________
5. »Na, groß bist du ja nicht gerade!« ______________________
6. »Mann, bist du dick geworden!« ______________________
7. »Bist du immer noch hier?« ______________________

Experimente in der Wörterwerkstatt

Mit den folgenden Übungen[33] können Sie Ihr Sprachgefühl und Ihre Wortgewandtheit verbessern, Ihren Wortschatz trainieren, Ihr Konzentrationsvermögen steigern und Ihr (sprachliches) Wissen aktivieren.

Übung 28: Ein Wort – ein Satz

Wählen Sie ein beliebiges Wort, z.B. das Wort »GLÜCK«. Jeder Buchstabe dieses Wortes soll den Anfang eines neuen Wortes bilden. Die Wörter sollen hintereinander gelesen einen Satz ergeben. (Beispiellösung im Anhang.[34])

G ____

L ____

Ü ____

C ____

K ____

Übung 29: Himmlische Sätze

Finden Sie heraus, welche Redewendungen hier umschrieben sind – sie enthalten alle das Wort »Himmel«. (Lösung im Anhang.[35])

1. Es geschah völlig unerwartet.

   ____

2. Ich bin glückselig.

   ____

3. Das ist ein Skandal.

   ____

4. Du kommst wie gerufen.

   ____

5. So eine Erleichterung!

   ____

6. Er erfüllt ihr jeden Wunsch.

   ____

7. Es beginnt stark zu regnen.

   ____

8. Er ist völlig unerschrocken.

   ____

Übung 30: Also sprach der Philosoph

Im Folgenden ist ein weiser Spruch des griechischen Philosophen Sokrates durcheinandergeraten. Entschlüsseln Sie das Zitat und bringen Sie die Silben in die richtige Reihenfolge. (Lösung im Anhang.[36])

zu et- sein, Wer was auf- hört, et- wer- was zu hat -ge- glaubt, -den.

Übung 31: Sprechblasentexte erfinden

Wählen Sie aus einer alten Zeitschrift ein Bild aus, auf dem mindestens zwei Personen abgebildet sind. Überlegen Sie, welche Situation zu der Abbildung passen könnte und worüber sich die Personen auf dem Bild unterhalten könnten. Zeichnen Sie dann zu jeder

Person eine Sprechblase und füllen Sie diese mit einem passenden, möglichst witzigen Text.

Übung 32: Das soll ein Witz sein

Im folgenden Text – es handelt sich um einen Witz – ist die Reihenfolge der Sätze durcheinandergeraten. Ordnen Sie die Sätze so an, dass der Text einen Sinn ergibt und die Pointe am Schluss kommt. (Lösung im Anhang.[37])

Der Mann bedankt sich, bezahlt und will aussteigen.
»Gut, bitte kommen Sie so schnell wie möglich!«
Mitten in der Nacht klingelt es an der Tür des Landarztes.
Der Arzt holt seine Tasche und fährt mit dem Mann zum Bauernhof.
»Wie viel kostet ein Krankenbesuch auf meinem Bauernhof, ungefähr fünf Kilometer von hier?«
»Den gibt es nicht, ich konnte nur um diese Zeit kein Taxi mehr auftreiben.«
Draußen steht ein Mann und fragt:
»25 Euro«, antwortet der Arzt.
»Wo ist der Kranke?«, fragt der Arzt.

Übung 33: Eine Geschichte zu Ende spinnen

Holen Sie sich aus Ihrem Bücherregal einen Roman oder eine Kurzgeschichte und schreiben Sie als Erstes den Anfang der von Ihnen ausgewählten Geschichte Wort für Wort ab. Dann spinnen Sie die Geschichte zu Ende, indem Sie eine eigene Handlung erfinden. Die Länge der wörtlich übernommenen Einleitung können Sie selbst bestimmen. Es können einer oder mehrere Absätze sein oder auch nur ein einzelner Satz, wie zum Beispiel der Einleitungssatz in Franz Kafkas Roman »Der Prozess«[38]:

»Jemand musste Josef K. verleumdet haben, denn ohne dass er etwas Böses getan hätte, wurde er eines Morgens verhaftet.«

Wer liest, ist im Vorteil

Lesen regt unser Gehirn auf vielfältige Weise an: Es erweitert den Wortschatz, verbessert die Grammatik, verfeinert das Sprachgefühl und hilft, komplexe Gedankengänge zu verstehen und zu analysieren. Nicht zuletzt macht es uns emotional reicher, weil es uns in die Lage versetzt, uns in fremde Figuren und Situationen hineinzudenken. Es lohnt sich also, sich mit den Werken großer Autoren zu befassen, die sich durch sprachliche Brillanz auszeichnen. Das müssen keine umfangreichen Romane sein, auch kleine Prosatexte oder Gedichte sind eine bereichernde Lektüre.

Übung 34: Gedichte auswendig lernen

Lernen Sie regelmäßig Gedichte auswendig; damit können Sie Ihre Merkfähigkeit deutlich verbessern. Wenn Sie dabei das Nützliche mit dem Angenehmen verbinden wollen, wählen Sie Gedichte mit Witz und Esprit, mit denen Sie andere Menschen bei passender Gelegenheit überraschen können. Eine schöne Auswahl finden Sie z.B. bei Eugen Roth, Heinz Erhardt oder Joachim Ringelnatz, von dem das folgende Gedicht stammt[39]:

Ohrwurm und Taube

Der Ohrwurm mochte die Taube nicht leiden.
Sie hasste den Ohrwurm ebenso.
Da trafen sich eines Tages die beiden
In einer Straßenbahn irgendwo.
Sie schüttelten sich erfreut die Hände
Und lächelten liebenswürdig dabei
Und sagten einander ganze Bände
Von übertriebener Schmeichelei.
Doch beide wünschten sich im Stillen,
Der andre möge zum Teufel gehen.
Und da es geschah nach ihrem Willen,
So gab es beim Teufel ein Wiedersehn.

Übung 35: Verwirrter Ringelnatz

Hier zwei weitere Gedichte von Joachim Ringelnatz, die sich völlig ineinander verheddert haben. Versuchen Sie, die beiden Gedichte »Der Funke« und »Ein Schutzmann« zu entwirren und in die richtige Reihenfolge zu bringen. (Lösung im Anhang.[40])

Dort saß bereits ein Stachelschwein.
Da kam sofort die Feuerwehr
Ein Schutzmann wurde plötzlich krank
Das Pulverfass, das knallte sehr;
Das war ein großer Erzhalunke.
Da schrie er: »Au!« und schrie er: »Oh!«
Er sprang vom Herd und wie zum Spaß
Und setzte sich auf eine Bank.
Und kratzte sich an dem Po-lizeihelm.
Das Feuer und das Fünkchen tot.
Der Schutzmann setzte sich hinein.
Und spritzte dann mit Müh und Not
Es war einmal ein kleiner Funke.
Gerade in ein Pulverfass.

Vokabeln lernen – einmal anders

Nicht nur die intensive Auseinandersetzung mit der eigenen Muttersprache ist gut fürs Gehirn. Da Lernen neue Gehirnzellen sprießen lässt, ist gerade das Erlernen einer Fremdsprache sehr zu empfehlen – wäre da nur nicht das lästige Vokabellernen, vor dem viele zurückschrecken. Dabei muss stumpfsinniges Pauken gar nicht sein. Probieren Sie doch mal die folgenden Methoden aus.

Ersatzwortmethode: Bei dieser Technik werden neue Vokabeln mit einem bekannten Begriff in der eigenen Sprache verknüpft. Das englische Wort für »Adler« lautet z.B. »eagle« – laut ausgesprochen, klingt das wie »Igel«. Denken Sie sich nun eine Szene mit Adler und Igel aus: Der Adler erbeutet einen Igel und schwingt sich mit ihm in die Lüfte. Das nächste Mal, wenn Sie nach dem englischen Wort für »Adler« suchen, wird Ihnen dieses Bild einfallen und damit auch der korrekte Begriff.

Vokabeln in Sätze einbetten: Bilden Sie beim Lernen einer neuen Vokabel immer auch einen vollständigen Satz, in dem der neue Begriff vorkommt. Das erleichtert es Ihnen, die Vokabel in der Praxis anzuwenden. Diese Methode gilt als natürlicher, denn Kinder erlernen ihre Muttersprache ebenfalls in ganzen Sätzen.

Vokabeltrainer-Apps: Die kostenlosen Miniprogramme sind sehr praktisch, denn man hat sie auf dem Smartphone immer bei sich. So kann man an jedem Ort üben und Wartezeiten sinnvoll nutzen. Manche Programme sind z.B. so angelegt, dass sie Inhalte, die man beim Abfragen gewusst hat, weniger oft wiederholen als nicht gewusste. Außerdem sind die Apps oft spielerisch aufgebaut, indem Buchstaben etwa in die richtige Reihenfolge gebracht werden müssen.

Übung 36: Vokabeln »einfangen«

Sehr effektiv können Sie sich Vokabeln (oder Fremdwörter und Fachbegriffe) einprägen, wenn Sie das Lernen mit Bewegung kombinieren – etwa mit einer Life-Kinetik®-Übung (siehe Kapitel 4). Dafür brauchen Sie allerdings einen Partner. Dieser nennt Ihnen einen deutschen Begriff und wirft Ihnen dann einen kleinen Ball mit dem Hinweis »rechts« oder »links« zu. Sie müssen den Ball dementsprechend mit der rechten oder linken Hand fangen und möglichst gleichzeitig den Begriff in der Fremdsprache oder im Fachjargon nennen.

7. Denksport in allen Varianten

Auch wenn Gehirnjogging lange Zeit überschätzt wurde, so gilt es doch nach wie vor als reizvoller Zeitvertreib, mit dem sich auch die Gehirnfitness verbessern lässt. Wenn Sie also Spaß am Knobeln haben, nur zu! Sie sollten lediglich darauf achten, dass die Aufgaben ausreichend variieren: von Gedächtnis- über Konzentrationsübungen bis hin zu logischen Denkaufgaben.

Gedächtnis: Daten und Fakten auf Abruf

Eine der zentralen Funktionen unseres Gehirns ist das Gedächtnis. Wir merken das oft erst, wenn es uns im Stich lässt – etwa wenn uns ein Name oder eine Pin-Nummer plötzlich nicht mehr einfällt. Damit Daten und Fakten jederzeit aus dem Gedächtnis abrufbar sind, müssen sie geschickt abgelegt werden. Zu diesem Zweck gibt es eine Reihe von Mnemotechniken, mit deren Hilfe sich Informationen leichter im Gedächtnis abspeichern lassen. Damit die gespeicherten Informationen jederzeit abgerufen werden können, bedienen sich die meisten Techniken sogenannter Anker, bei denen Bekanntes mit neuen Informationen verbunden wird. Zu den bekanntesten Mnemotechniken zählen neben der Ersatzwortmethode (siehe Kapitel 6, Abschnitt »Vokabeln lernen – einmal anders«) vor allem die nachfolgend beschriebenen Methoden.

Loci-Methode

Bei dieser Technik des »räumlichen Erinnerns« legen Sie als Erstes eine Route fest: Das können ausgewählte Plätze in Ihrer Wohnung (Sofa, Tisch ...), Stationen auf dem Weg zur Arbeit (Haustür, Gartentor ...) oder bestimmte Körperstellen (Fuß, Knöchel ...) sein.

- Weisen Sie die Begriffe oder Zahlen, die Sie sich einprägen wollen, den gewählten Plätzen oder Körperstellen zu. Um sich z.B. die Planeten unseres Sonnensystems einzuprägen, wären folgende Kombinationen denkbar: Fuß = Merkur; Knöchel = Venus; Knie = Erde; Oberschenkel = Mars; Hüfte = Jupiter, etc.
- Nun denken Sie sich zu jeder Kombination ein Bild aus und fügen Sie die Bilder zu einer kleinen Geschichte zusammen: »Eilenden *Fußes* ist der römische Gott *Merkur* unterwegs zu mir. Auf meinen wunden *Knöchel* legt er eine *Venus*muschel. Für mein schmerzendes *Knie* gibt er mir Heil*erde*. Auf meinen *Oberschenkel* legt er einen *Mars*riegel. Plötzlich werden meine *Hüften* von *Jupiter* umkreist ...«

Wenn Sie sich später an die Daten erinnern möchten, müssen Sie nur noch im Geiste die festgelegte Route abschreiten und dabei die Geschichte wiederholen. Sie darf ruhig unsinnig sein, das erhöht den Memory-Effekt.

Tipp: Neue Infos besser aufnehmen

Wenn Sie einen längeren Artikel oder ein Buch lesen, das Ihnen neue Informationen zu einem bestimmten Thema liefert, können Sie mithilfe folgender Techniken dafür sorgen, dass Sie sich den neuen Stoff umfassend und nachhaltig einprägen:

- Fassen Sie die wesentlichen Informationen des gelesenen Textes in Stichworten zusammen. Geben Sie dann den Inhalt des Artikels oder Buchs anhand der Stichwortliste in freier Rede wieder.
- Erarbeiten Sie Fragen zum Text, die entsprechendes Spezialwissen erfordern, und lassen Sie eine andere Person raten, welche von jeweils zwei möglichen Antworten richtig ist. Danach verraten Sie die Lösung und liefern eine fundierte Erklärung dazu.
- Fragen Sie sich, welchen persönlichen Nutzen Sie aus dem Inhalt des Gelesenen ziehen können, und halten Sie die Antworten schriftlich fest.

Sätze bilden

Sie können sich neue Begriffe oder Zahlen auch gut einprägen, indem Sie einen dazu passenden Satz formulieren. Hier bieten sich folgende Möglichkeiten an:

- Bilden Sie mit den Anfangsbuchstaben jedes Begriffs, den Sie sich merken wollen, ein neues Wort und aus den Wörtern einen Satz. Für die Planeten des Sonnensystems wären das die Anfangsbuchstaben M (Merkur) – V (Venus) – E (Erde) – M (Mars) – J (Jupiter) – S (Saturn) – U (Uranus) – N (Neptun).[41] Entsprechend könnte der Satz etwa so lauten: »Mein verdammt exzentrischer Mann jagt seit Urzeiten Nachtgespenster.« Auch hier gilt: Je ausgefallener der Satz, desto besser der Memory-Effekt.
- Wollen Sie sich eine lange Zahl einprägen, teilen Sie die Ziffernfolge in Abschnitte ein, die Sie mit bekannten Fakten verknüpfen. Die Zahl 12990072412 können Sie dann so im Kopf behalten: 12 ist die Monatszahl für Dezember, 99 ist das letzte Jahr eines Jahrhunderts, 007 lautet der Codename von James Bond, 2412 ist Heiligabend. Statt 12990072412 merken Sie sich also folgenden Satz: »Im Dezember des letzten Jahres vor der Jahrhundertwende kaufte James Bond für Heiligabend ein.«

Übung 37: Was war auf dem Bild?

Legen Sie ein Blatt Papier und einen Stift bereit und schlagen Sie einen Fotoband oder eine Illustrierte auf. Wählen Sie ein Bild aus, das Sie beschreiben wollen, zum Beispiel ein Porträt oder ein Landschaftsbild. Betrachten Sie das Bild eine Minute lang aufmerksam und versuchen Sie, es in allen Einzelheiten zu erfassen. Dann schließen Sie das Buch (die Zeitschrift). Notieren Sie auf dem Papier in Stichpunkten alle Details, die Sie sich gemerkt haben. Danach prüfen Sie, inwieweit Ihre Beschreibung vollständig und zutreffend ist. Um den Schwierigkeitsgrad dieser Übung zu steigern, können Sie die Zeit für die Betrachtung beliebig kürzen. Oder Sie wählen ein Bild aus, das sich aus wesentlich mehr Details zusammensetzt.

Übung 38: Zeitungstexte wiedergeben

Für diese Übung brauchen Sie eine Stoppuhr und eine Zeitungsmeldung von etwa 20 Zeilen Länge, die Sie noch nicht gelesen haben. Außerdem sollte Ihnen nach Möglichkeit ein Partner gegenübersitzen, der die Übung kontrolliert.
Sobald die Zeit läuft, lesen Sie den Artikel Satz für Satz sehr aufmerksam einmal durch – eventuell auch ein zweites Mal, je nachdem, wie viel Zeit Ihnen nach dem ersten Lesedurchgang noch bleibt. Nach zwei Minuten sagt Ihr Partner »Stopp!«, dann hören Sie auf zu lesen und übergeben ihm den Zeitungsartikel. Versuchen Sie nun, den Text in der richtigen Reihenfolge und, soweit möglich, stellenweise sogar wortgetreu wiederzugeben.

Übung 39: TV-Dokumentation zusammenfassen

Sehen Sie sich im Fernsehen eine Dokumentation Ihrer Wahl an. Das Thema kann sich ganz nach Ihren Interessen richten. Die Sendung sollte idealerweise etwa 30 Minuten dauern. Versuchen Sie, sich im Laufe der Sendung möglichst viele Fakten zu merken. Als Merkhilfe können Sie sich dabei auch Stichpunkte machen, die Sie jedoch nach der Sendung beiseitelegen. Die Übung selbst besteht darin, dass Sie die Fakten aus der Dokumentation so detailliert wie möglich wiedergeben, ohne Ihre Notizen zu Hilfe zu nehmen.

Logisches Denken: genial kombinieren

Auch logisches Denken lässt sich mithilfe von Denkaufgaben gezielt trainieren. Gemeint ist damit die Fähigkeit, Zusammenhänge zu erkennen und daraus folgerichtige Schlüsse zu ziehen. Zu den Logikaufgaben gehören Zahlenrätsel wie Sudoku, aber auch Denkaufgaben wie die folgenden Beispiele, in denen es darum geht, aus kurzen Geschichten die richtigen Sachverhalte herauszufinden.[42]

Übung 40: Kartoffel über Bord

Ein Bauer fährt mit einem Boot über den See. Er hat einen Sack Kartoffeln an Bord. Mitten auf dem See nimmt er eine Kartoffel aus dem Sack und wirft sie ins Wasser. Was passiert nun: Steigt der Wasserspiegel des Sees, sinkt der Wasserspiegel oder bleibt er gleich? (Lösung im Anhang.[43])

Übung 41: Ohne Uhr die Zeit messen

Wie kann man feststellen, wann eine Viertelstunde vergangen ist, wenn man dafür keine Uhr, sondern nur zwei Zündschnüre zur Verfügung hat, von denen man weiß, dass jede genau eine Stunde lang brennt? Dabei ist zu beachten, dass die Schnüre nicht gleichmäßig verbrennen, sodass man nicht davon ausgehen kann, dass eine halbe Stunde vergangen ist, wenn genau die Hälfte einer Schnur verbrannt ist. (Lösung im Anhang.[44])

Übung 42: Der Wächter am Tor

Vor dem Tor einer mittelalterlichen Stadt steht ein Wächter. Er lässt nur Leute ein, die sich als Stadtbürger ausweisen können, indem sie ein (nur den Bürgern bekanntes) Logikrätsel lösen. Ein Spion versteckt sich in der Nähe des Tors, um der Lösung des Rätsels auf die Spur zu kommen. Bald kommt ein Stadtbürger zum Tor. Der Wächter nennt ihm eine Zahl: 28. Der Bürger antwortet nach kurzem Nachdenken ebenfalls mit einer Zahl: 14. Daraufhin wird er eingelassen. Ein weiterer Ankömmling antwortet auf die Zahl 16 mit der Zahl 8, ein dritter auf die Zahl 8 mit der Zahl 4. Auch diese beiden dürfen passieren. Nun ist der Horcher im Versteck sicher, die Logik durchschaut zu haben: Die Antwort muss seiner Ansicht nach die Hälfte der genannten Zahl sein. Er geht auf das Tor zu und als ihm der Wächter die Zahl 10 nennt, antwortet er siegessicher: 5. Daraufhin schlägt der Wächter Alarm und der entlarvte Spion wird gefangen genommen. Warum? (Lösung im Anhang.[45])

Übung 43: Halb voll oder nicht halb voll?

Zwei Gärtner schauen von oben in eine Regentonne. Der eine glaubt, dass die Tonne noch mindestens halb voll ist. Der andere widerspricht und behauptet, die Tonne sei weniger als halb voll. Wie können die beiden ohne Zuhilfenahme von Hilfsmitteln herausfinden, wer recht hat? (Lösung im Anhang.[46])

Konzentration: ganz bei der Sache

Konzentration ist die Fähigkeit, die volle Aufmerksamkeit auf eine bestimmte Aufgabe zu richten. Weil das anstrengend ist, lässt sich das Konzentrationsvermögen nur über einen begrenzten Zeitraum aufrechterhalten. Konzentration lässt sich allerdings durch Training verbessern, z.B. mit den nachfolgenden Übungen.

Übung 44: Buchstabenfolgen finden

Nehmen Sie sich eine Seite in einer Zeitung oder Zeitschrift vor, die Sie aufmerksam lesen. Dabei sollen Sie im Text alle Wörter umkreisen oder unterstreichen, die eine bestimmte Buchstabenfolge enthalten, z.B. »an«, wie im folgenden Text:

»Die Angestellte radelte am Landratsamt vorbei und stieg am Berganstieg ab, um ihr Fahrrad zu schieben. Diese Situation wollte ein unbekannter Mann anscheinend nutzen, um ihr die Handtasche zu entreißen ...«

Übung 45: Lücken-Alphabet

Versuchen Sie, das Alphabet einmal in einer anderen als der üblichen Reihenfolge aufzusagen: Lassen Sie zunächst jeden zweiten Buchstaben aus, dann jeden dritten, vierten, fünften usw. Je schneller Sie das Lücken-Alphabet aufsagen, desto stärker müssen Sie sich konzentrieren. Sie können dabei auch in Wettstreit mit einem Mitspieler treten, das sorgt für noch mehr Spaß und Spannung.

Übung 46: Hören und zählen

Verfolgen Sie eine Sendung im Radio oder im Fernsehen und achten Sie dabei auf ein bestimmtes Wort, das Sie vorher ausgewählt haben, z.B. »auch«. Zählen Sie fünf Minuten lang, wie oft Sie das Wort hören.
Um die Schwierigkeit der Übung zu steigern, können Sie zwei Wörter herausfiltern, z.B. »auch« und »ohne«.

Übung 47: Buchstabensalat

In den folgenden Wörtern wurden die Buchstaben verdreht. Finden Sie heraus, wie das Wort richtig heißt, indem Sie die Buchstaben ordnen, wie das Beispiel in der ersten Spalte zeigt. (Lösung im Anhang.[47])

UBA = Bau	GTA	MAT
TUHA	EAUG	OTBO
TANOM	ZLNAG	ETUBE
TREFLA	LIEFCHS	SETRÜB
CNRAHBE	ELGIAER	OBLIGOE
GRENBESI	NSOTINWR	KROETIRD

Laufen mit Köpfchen

Weil sportliche Bewegung im Freien unseren Geist besonders effektiv anregt, bietet es sich an, das Wort »Gehirnjogging« auch mal wörtlich zu nehmen. Verbinden Sie eine Lauf- oder Walkingrunde gelegentlich mit dem Lösen von Denkaufgaben. Das bringt die grauen Zellen im doppelten Wortsinn auf Touren.

Übung 48: Wörter aus Autokennzeichen

Bilden Sie aus den Buchstaben im Autokennzeichen eines parkenden oder vorbeifahrenden Wagens möglichst viele Wörter. Sie dürfen maximal drei Buchstaben hinzufügen, die nicht im Autokennzeichen enthalten sind:

AC-R	(Arche, Rache, Schar, Achter, raucht ...)
C-UH	(Buch, auch, Schur, Rauch, Wucht ...)
DA-HC	(Dach, Dachs, dachte, schade ...)
M-TS	________________________
HH-LE	________________________
DU-N	________________________
SI-L	________________________

Übung 49: Viele Wörter aus einem Wort

Bilden Sie aus den Buchstaben der folgenden Wörter möglichst viele neue Wörter:

AUTOREIFEN	(Autor, Uni, Tor, Ofen, Rot, Ei, Ire ...)
BRAUNKOHLE	________________________
BUNDESRAT	________________________
ERLAUBNIS	________________________
FRAGESTUNDE	________________________
KARTENSPIEL	________________________
KREISTANZ	________________________
SAHNETORTE	________________________
STEINADLER	________________________

Übung 50: Wörter bilden im Duell

Die Übung 49 können Sie beim Joggen mit einem Partner bzw. einer Partnerin auch als Wettspiel anwenden. Wechseln Sie sich beim Wörterbilden ab. Diese Aufgabe ist besonders anspruchsvoll, weil man sich nicht nur auf die eigenen Wortschöpfungen, sondern auch auf die des Partners konzentrieren muss. Um den Überblick zu behalten, ist es deshalb ratsam, Ausgangsbegriffe mit nur sieben

bis acht Buchstaben zu wählen und beim Bilden der neuen Wörter die Buchstabenreihenfolge des Ausgangsbegriffs einzuhalten. Beim Begriff AUSTERN bilden Sie beispielsweise erst lauter Wörter, die mit A beginnen, dann Wörter mit U, dann mit S usw. Hier eine kleine Auswahl geeigneter Ausgangsbegriffe:
AUSTERN, AUFSTIEG, BERATUNG, FAULTIER, KANISTER, MATROSE, STATION, STREIFEN, TRAURING

Übung 51: Ergiebige Ausgangsbegriffe finden

Wenn Sie mit den Übungen 49 und 50 schon etwas Routine haben, können Sie die Aufgabe auch umgekehrt angehen. Anstatt aus einem vorgegebenen Begriff neue Wörter zu kreieren, versuchen Sie, selbst Ausgangsbegriffe zu finden, aus denen sich möglichst viele neue Wörter ableiten lassen. Dazu gilt es, die optimalen Bedingungen herauszufinden: Wie viele Vokale sollten es im Verhältnis zu den Konsonanten sein? Welche Vokale und welche Konsonanten sollte das Ausgangswort bevorzugt enthalten? Welche Buchstaben können doppelt vorkommen (oder sollten es sogar, um das Ergebnis zu verbessern) und welche möglichst nicht?

8. Nahrung für die grauen Zellen

Richtige Ernährung ist nicht nur für die körperliche Fitness wichtig, sondern auch für die geistige Leistungsfähigkeit. Mit einer klugen, ausgewogenen Auswahl an Nahrungsmitteln können wir unserem Gehirn die nötige Voraussetzung bieten, um volle Leistung zu bringen. Und nicht nur das: Neueren wissenschaftlichen Erkenntnissen zufolge können bestimmte Nahrungsmittel sogar die Neubildung von Nervenzellen im Gehirn begünstigen.

Clever essen

Eine gesunde Ernährung wirkt sich also sowohl kurzfristig als auch langfristig auf das Gehirn aus. Das ist ähnlich wie bei sportlicher Bewegung: Wenn wir Sport treiben, fühlen wir uns nicht nur gleich danach geistig erfrischt, sondern werden (bei regelmäßigem Training) auch langfristig konzentrations- und merkfähiger (siehe Kapitel 3). Ebenso gibt es Nahrungsmittel, die uns gleich nach dem Verzehr hellwach und munter machen (das bekannteste Beispiel ist der Kaffee), und solche, die unseren Geist langfristig auf Touren bringen.

Ein Löffelchen Zucker ...

Wer Wert auf einen clever zusammengestellten Speiseplan legt, sollte schon morgens mit einem guten Frühstück in den Tag starten, das reich ist an Nähr- und Vitalstoffen.

Unser Gehirn braucht vor allem Glukose, um reibungslos zu funktionieren. Schon ein leichtes Absinken des Blutzuckerspiegels wirkt sich nachteilig auf die Gehirnleistung aus. Achten Sie deshalb auf eine ausreichende Zufuhr an Kohlenhydraten. Damit ist keineswegs der beliebte Traubenzucker gemeint, der oft als ideales Gehirnfutter empfohlen wird. Im Gegenteil: Traubenzucker gehört, als Fruchtzucker (Fruktose), zu den Einfachzuckern, die ebenso wie Zweifachzucker (Malzzucker, Haushaltszucker etc.) den Blutzucker in die Höhe treiben. Infolgedessen gibt die Bauchspeicheldrüse vermehrt Insulin ins Blut ab, sodass der Blutzuckerspiegel rasch wieder absinkt, häufig unter den Ausgangswert.

Um einen möglichst konstanten Blutzuckerspiegel und damit eine kontinuierliche Energieversorgung des Gehirns zu gewährleisten, sollten Sie deshalb Polysaccharide (Mehrfachzucker) zu sich nehmen. Diese komplexen Kohlenhydrate stecken vor allem in Vollkorngetreide, Vollkornprodukten und Hülsenfrüchten.

Ideal versorgt ist Ihr Gehirn mit zwei bis drei kohlenhydrathaltigen Mahlzeiten am Tag. Nachts greift der Körper auf seine Reserven zurück und bildet in der Leber Glukose, um das Gehirn zu versorgen. Das Frühstück ist dann der ideale Zeitpunkt, den grauen Zellen Nachschub zu liefern, z.B. mit Vollkornbrot oder Müsli.

Vielseitige Kost unterstützt das Denken

Der Körper sollte jedoch nicht nur mit Kohlenhydraten, sondern auch mit Proteinen und hochwertigen Fetten gut versorgt werden. Diese Makronährstoffe unterstützen ebenfalls die Denk- und Gedächtnisleistung. Proteine sind vor allem in Käse, Fisch, Fleisch und Hülsenfrüchten reichlich enthalten. Hochwertige Fette liefern u.a. fette Seefische, Leinöl, Rapsöl und Nüsse.

Vitamine und Mineralstoffe spielen gleichfalls eine bedeutende Rolle für die Gehirnfitness. So ist z.B. Eisen unerlässlich für den Sauerstofftransport. Bei Eisenmangel kommt es daher zu Müdigkeit und Erschöpfung, die Leistungsfähigkeit lässt nach. Eisen ist vor allem in Leber und Fleisch reichlich enthalten. Eisenhaltige pflanzliche Nahrungsmittel wie Hülsenfrüchte oder Spinat sollten zusammen mit Vitamin-C-haltigen Lebensmitteln verzehrt werden; das verbessert die Eisenaufnahme des Körpers.

Magnesium, das an der Energiegewinnung aus Kohlenhydraten beteiligt ist, sollte ebenfalls reichlich aufgenommen werden. Sehr reich an Magnesium sind Sonnenblumen-, Kürbis- und Pinienkerne, Amaranth, Quinoa, Weizenkleie und Weizenkeime.

B-Vitamine gelten ebenfalls als Brainfood. Vitamin B_1 fördert z.B. die Nervenfunktion, die Vitamine B_6 und B_{12} sind neben Eiweißbausteinen (Aminosäuren) maßgeblich an der Bildung von Nervenbotenstoffen (Neurotransmittern) beteiligt. Da der Körper die B-Vitamine – mit Ausnahme von Vitamin B_{12} – nicht speichern kann, müssen sie in ausreichender Menge über die Nahrung zugeführt werden. Gute Quellen für Vitamin B_1 sind u.a. Schweinefleisch, Sojabohnen, Erbsen, weiße Bohnen und Haferflocken. Vitamin B_6 ist in vielen Fleisch- und Fischsorten, in Hülsenfrüchten, Walnüssen und Sonnenblumenkernen enthalten. Reich an Vitamin B_{12} sind Leber, Niere, Fleisch, Fisch, Eier, Milchprodukte.

Antioxidantien

Der Körper und vor allem das Gehirn benötigen nicht zuletzt Substanzen, die die freien Radikale in Schach halten. Darunter versteht man sehr reaktionsfreudige Sauerstoffmoleküle, die die Zellstrukturen schädigen. Freie Radikale entstehen im Körper zum einen durch Stoffwechselprozesse, zum anderen durch Einflüsse von außen, wie z.B. UV-Strahlung, Tabakrauch oder Luftverschmutzung. Besonders anfällig für die Angriffe der freien Radikale sind die Gehirnzellen, weil deren Stoffwechselumsatz sehr hoch ist.

Schutz vor den Sauerstoffradikalen bieten Antioxidantien, die die schädlichen Einflüsse der freien Radikale abwehren. Der Körper kann solche »Radikalfänger« in gewissem Maß selbst bilden. Im Jugendlichen- und frühen Erwachsenenalter, aber auch bei einer gesunden Lebensweise herrscht im Körper normalerweise ein Gleichgewicht zwischen angreifenden und neutralisierenden Substanzen. Geht dieses Gleichgewicht verloren, entsteht oxidativer Stress mit den erwähnten schädlichen Einflüssen auf die (Gehirn-)Zellen.

Es ist daher wichtig, dem Körper mit der Nahrung ausreichend Antioxidantien zuzuführen. Diese sind in vielen Pflanzen enthalten, da Pflanzen sich vor oxidativen Einflüssen schützen, indem sie Antioxidantien bilden. Pflanzliche Nahrungsmittel mit besonders hoher antioxidativer Wirkung sind frische Kräuter, kräftig grüne Gemüse- und Salatsorten und dunkelrotes oder blaues (Beeren-)Obst. Aber auch die Vitamine C und E, Karotinoide wie Beta-Carotin sowie Lycopin in Tomaten gelten als wichtige Antioxidantien.

Nahrung für neue Nervenzellen

Dass das menschliche Gehirn lebenslang neue Nervenzellen bilden kann, kam bereits in Kapitel 1 zur Sprache. Doch nicht nur durch intensives Lernen und durch sportliche Bewegung (siehe Kapitel 3) kann man die Neubildung von Neuronen positiv beeinflussen, sondern auch durch die Ernährung. Eine bedeutende Rolle spielen dabei die folgenden Lebensmittelbestandteile:[48]

Omega-3-Fettsäuren: Zu ihnen zählen die Fettsäuren EPA (Eicosapentaensäure) und DHA (Docosahexaensäure (DHA), aus denen die Fettmasse des menschlichen Gehirns zu einem großen Teil besteht. EPA und DHA kommen reichlich in fettem Seefisch vor, insbesondere in Lachs, Sardelle, Sardine, Hering, Makrele und Thunfisch, aber auch in Forelle. Gute Omega-3-Lieferanten sind außerdem Nüsse, ebenso pflanzliche Öle, die u.a. Alpha-Linolensäure, eine Vorstufe der Omega-3-Fettsäuren enthalten. Besonders hoch ist der Gehalt an Omega-3-Fettsäuren in Leinöl, Chiaöl, Leindotteröl, Rapsöl, Sojaöl und Weizenkeimöl. Der menschliche Körper kann Omega-3-Fettsäuren pflanzlicher Herkunft allerdings nur zu einem geringen Teil in EPA und DHA umwandeln. Fisch hat daher als Nahrung für die Gehirnzellen eindeutig Vorrang.

Curcumin: Die Substanz, die dem Gewürz Kurkuma seine intensiv gelbe Farbe verleiht, fördert ebenfalls die Neurogenese, also die Entstehung von Nervenzellen, und ist zudem ein starkes Antioxidans, das die (Gehirn-)Zellen vor den Angriffen der freien Radikale schützt. Liebhaber der indischen Küche können sich darüber freuen, denn Kurkuma ist einer der Hauptbestandteile des Currypulvers.

Flavonoide: Diese wichtige Gruppe sekundärer Pflanzenstoffe begünstigt ebenfalls die Neubildung von Nervenzellen. Flavonoide sind besonders in farbintensivem Obst und Gemüse enthalten, etwa in Blaubeeren, roten Trauben und Rotkohl. Auch Kakao enthält reichlich Flavonoide, weshalb dunkle Schokolade nicht zu Unrecht als Nervennahrung gilt.

Resveratrol: Dieser Pflanzenstoff gehört wie die Flavonoide zur Gruppe der Polyphenole. Ihm wird neben seiner Wirkung auf die Neurogenese noch eine ganze Reihe weiterer positiver Eigenschaften zugesprochen. Resveratrol ist in Himbeeren, Maulbeeren und vor allem in roten Trauben enthalten. In hoher Konzentration kommt Resveratrol in Rotwein vor. Dennoch sollte man Rotwein in maßvollen Mengen genießen, da übermäßiger Alkoholgenuss die Gehirnzellen schädigt.

Tipp: Gut für die Figur – und fürs Gehirn

Ein Forscherteam der Universität Münster hat herausgefunden, dass auch eine kalorienreduzierte Ernährung die Neurogenese fördern und die kognitive Leistungsfähigkeit steigern kann. In einer Studie im Jahr 2009 wurden Probanden drei Monate lang auf eine Diät mit etwa einem Drittel weniger Kalorien gesetzt. Nach diesem Zeitraum schnitten die Versuchspersonen in Gedächtnistests deutlich besser ab als die Kontrollgruppe.[49]

Brainfit-Rezepte

Ausgewogen und vielseitig sollte die gehirngerechte Ernährung sein, jedoch nicht üppig. Denn nach einer schweren Mahlzeit muss der Magen-Darm-Trakt verstärkt durchblutet werden. Das vermindert die Durchblutung des Gehirns. Setzen Sie daher auf leichte Gerichte und gesunde Pausensnacks statt auf üppige Hauptgerichte. Ein paar Beispiele für Mahlzeiten, die reich an Nährstoffen fürs Gehirn sind, finden Sie in den folgenden Rezepten.

Rezept 1: Müsli-Vorratsmischung

Zutaten:

150 g kernige Haferflocken | 100 g zarte Haferflocken | 50 g Walnüsse | 50 g Haselnüsse | 1 EL Sesam | 1 EL Pinienkerne | 1 EL Sonnenblumenkerne | 1 EL Leinsamen | 1 EL Kokosflocken | 50 g getrocknete Maulbeeren | 50 g getrocknete Aprikosen

Walnüsse und Haselnüsse kleinhacken. Trockenfrüchte in kleine Würfel schneiden. Alle Zutaten mischen und in einer gut verschlossenen Vorratsdose aufbewahren.

Mit dieser Mischung können Sie sich jeden Morgen ein anderes Müsli zubereiten, indem Sie nach Belieben frische Beeren, zerkleinertes Obst, Joghurt, Quark oder Milch hinzufügen.

Rezept 2: Porridge mit Blaubeeren

Zutaten für 2 Personen:

1 große Tasse Wasser | 1 große Tasse zarte Haferflocken | Salz | 1 EL Leinsamenschrot | 4 EL Vanillejoghurt | 100 g Blaubeeren | 1 Handvoll Walnüsse | nach Belieben Ahornsirup

Das Wasser in einem Topf erwärmen, Haferflocken und Salz zugeben und unter Rühren aufkochen. Bei schwacher Hitze einige Minuten weiterköcheln lassen, gelegentlich umrühren. Leinsamenschrot dazugeben und den Brei auf zwei Schalen verteilen. Je 2 EL Vanillejoghurt über den Porridge geben. Die Blaubeeren waschen, die Walnüsse klein hacken und beides mit etwas Ahornsirup dazugeben.

Rezept 3: Quark mit Leinöl

Zutaten für 2 Personen:

3 Frühlingszwiebeln | 200 g Magerquark | Salz | 3 bis 4 EL Leinöl

Die Frühlingszwiebeln, waschen, putzen und in dünne Scheiben schneiden. Den Quark in eine Schüssel geben, mit den Frühlingszwiebeln vermischen und mit Salz abschmecken. Zum Schluss so viel Leinöl einrühren, dass der Quark eine appetitlich gelbe Farbe annimmt.

Rezept 4: Putensandwich mit Orangenscheiben

Zutaten für 2 Personen:

20 g leichter Frischkäse | Currypulver | 2 Scheiben Vollkornbrot | 2 Scheiben Putenbrust | 2 frische Orangenscheiben

Den Frischkäse mit Currypulver verrühren und damit die Brote bestreichen. Die Putenbrustscheiben darauflegen. Die Orangenscheiben auf die belegten Brote verteilen.

Tipp: Gesunder Pausensnack

Studentenfutter gilt seit eh und je als Nahrung für die grauen Zellen. Um eine große Vielfalt an Inhaltsstoffen zu bekommen, können Sie sich aus einer reichen Auswahl an Nüssen, Trockenobst und getrockneten Beeren immer wieder eine neue Mischung zusammenstellen, die sich auch gut mit frischem Obst und frischen Beeren kombinieren lässt.

Geeignete Zutaten sind:

- Cashews, Erdnüsse, Haselnüsse, Macadamianüsse, Mandeln, Pekannüsse, Pinienkerne, Pistazienkerne, Walnüsse
- getrocknete Ananas, Aprikosen, Bananen, Berberitze, Cranberrys, Gojibeeren, Jackfruit, Kirschen, Kiwis, Kokosnuss, Maulbeeren, Pfirsiche, Rosinen

Rezept 5: Brokkolisuppe mit Haferflocken

Zutaten für 2 Personen:

1 kleine Zwiebel | 200 g Brokkoli | ½ EL Rapsöl | 500 ml Gemüsebrühe | 3 EL zarte Haferflocken | Salz und Pfeffer

Die Zwiebel schälen und in feine Würfel schneiden. Den Brokkoli putzen, waschen und in kleine Röschen teilen. Das Rapsöl in einem Topf erhitzen und die Zwiebeln darin andünsten. Die Gemüsebrühe und die Haferflocken dazugeben, das Ganze zum Kochen bringen. Die Brokkoliröschen hinzufügen und 5 bis 10 Minuten köcheln lassen. Die Suppe pürieren, salzen und pfeffern.

Rezept 6: Grüne Erbsensuppe

Zutaten für 2 Personen:

250 g Kartoffeln | 1 Stange Lauch | 1 EL Olivenöl | 300 g TK-Erbsen | 0,75 l Brühe | Salz und Pfeffer | 100 g Kräuterfrischkäse

Die Kartoffeln schälen und würfeln, den Lauch putzen und in Stücke schneiden, beides kurz in Olivenöl anbraten. Erbsen und Brühe zugeben, ca. 10 Minuten köcheln lassen, mit Salz und Pfeffer abschmecken. Die Suppe pürieren, den Frischkäse unterrühren und nochmals kurz erhitzen.

Rezept 7: Blumenkohlsuppe

Zutaten für 2 Personen:

½ Blumenkohl | 1 Zwiebel | 1 TL Butter | 2 TL Curry | 1 l Gemüsebrühe | 50 ml Sahne | Salz und Pfeffer | Muskat

Den Blumenkohl waschen, in Röschen teilen. Die Zwiebeln schälen, würfeln und in Butter andünsten. Curry und Blumenkohl zugeben, mit Brühe und Sahne angießen, ca. 20 Minuten köcheln lassen. Mit Salz, Pfeffer und Muskat würzen und fein pürieren.

Rezept 8: Rucola-Möhren-Salat

Zutaten für 2 Personen:

1 EL Walnusskerne | 200 g Rucola | 1 Möhre | 2 EL Weißweinessig | Salz | Pfeffer | 1 EL Weizenkeimöl

Die Walnusskerne grob hacken. Den Rucola verlesen, Enden abschneiden, waschen und trocken schütteln. Die Möhre schälen und raspeln.

Weißweinessig, Salz, Pfeffer und 3 EL Wasser in einer Salatschüssel kräftig verrühren. Das Weizenkeimöl unterrühren. Rucola und geraspelte Möhre vorsichtig untermischen. Mit den Walnusskernen bestreuen und servieren.

Rezept 9: Quinoasalat mit Minze und Mandeln

Zutaten für 2 Personen:

30 g Mandeln, gestiftet | 1 große Tasse Hühner- oder Gemüsebrühe | ½ Tasse Quinoa | 1 EL Olivenöl | 1 EL frische Minze | 30 g getrocknete Cranberrys | 1 kleine Möhre | 1 Frühlingszwiebel | 10 Cocktailtomaten | ½ Zitrone | Salz und Pfeffer

Die Mandeln in einer beschichteten Pfanne kurz rösten und beiseitestellen. Die Hühner- oder Gemüsebrühe in einem Topf zum Kochen bringen, Quinoa dazugeben und zugedeckt ca. 15 Minuten köcheln lassen, bis die Brühe aufgesogen ist. Das Olivenöl unterrühren, mit einer Gabel auflockern und abkühlen lassen.

Die Minze hacken, die Möhre und die Frühlingszwiebel putzen und in feine Scheiben schneiden, die Cocktailtomaten waschen und halbieren, die Zitrone auspressen. Alle Zutaten mit den gerösteten Mandeln unter die Quinoa mischen, mit Salz und Pfeffer abschmecken und servieren.

Rezept 10: Thunfischsalat mit Tomaten und Erbsen

Zutaten für 2 Personen:

1 Dose Thunfisch in Öl | ½ Zitrone | Salz und Pfeffer | 1 Zwiebel | 400 g feste Tomaten | ½ TL Tomatengewürz |2 EL Mais | 1 EL heller Balsamico-Essig | 1 EL Basilikumblätter | 2 EL TK-Erbsen

Den Thunfisch in einem Sieb abtropfen lassen, in eine Schüssel geben und mit einer Gabel zerkleinern. Die Zitronenhälfte auspressen und den Saft darüberträufeln. Mit Pfeffer und Salz würzen. Die Zwiebel schälen, halbieren und in sehr feine Halbringe schneiden. Mit dem Thunfisch vermengen.

Die Tomaten waschen, den Strunk entfernen, in Achtel schneiden und Tomatengewürz zugeben. Die Tomaten mit dem Mais vorsichtig unter den Thunfisch heben. Mit Balsamico-Essig abschmecken und mit Basilikumblättern bestreuen. Zum Schluss die TK-Erbsen unterheben und ca. 15 Minuten lang auftauen lassen.

Rezept 11: Lachsfilet auf Sojabohnensalat

Zutaten für 2 Personen:

200 g TK-Sojabohnen | 1 Fenchelknolle |1 EL milder Essig | 1 EL Weizenkeimöl | Salz und Pfeffer | 2 Lachsfilets |1 EL Rapsöl | ½ TL frischer Thymian

Die Sojabohnen auftauen und in reichlich Wasser gut 5 Minuten köcheln lassen. Beiseitestellen. Den Fenchel waschen, putzen, halbieren, vom Strunk befreien und in feine Streifen schneiden. Fenchel und Sojabohnen in eine Schüssel geben, Essig und Weizenkeimöl zugeben und mit Salz und Pfeffer abschmecken.

Die Lachsfilets waschen, trocken tupfen und in einer Pfanne mit dem erhitzten Rapsöl bei mittlerer Hitze braten. Mit Salz, Pfeffer und Thymian würzen und mit dem Sojabohnensalat servieren.

Rezept 12: Schweinefilet auf Blattspinat

Zutaten für 2 Personen:

½ Zwiebel | 1 Knoblauchzehe | 1 EL Rapsöl | 200 g Blattspinat | Salz und Pfeffer | Muskat | 50 g Sahne | 300 g Schweinefilets | 100 g Mozzarella | 1 kleine Tomate | 1 EL gemischte TK-Kräuter

Zwiebel und Knoblauchzehe klein schneiden und in einem Topf mit etwas Öl andünsten. Den Spinat in ein Sieb legen und kurz abbrausen, mit etwas Wasser dazugeben und ca. 10 Minuten leicht köcheln lassen. Mit Salz, Pfeffer und Muskat würzen. Den Spinat auf dem Boden einer Auflaufform verteilen und die Sahne darübergießen.

Das Filet in 3 cm dicke Scheiben schneiden, von beiden Seiten je 1 Minute in einer Pfanne anbraten. Die Filets salzen und pfeffern und auf den Spinat legen. Mozzarella und Tomate in Scheiben schneiden, je 1 Scheibe auf jedes Filet legen. Mit Kräutern bestreuen und ca. 25 Minuten bei 180 °C im Ofen überbacken.

Rezept 13: Spinat-Frittata mit Mozzarella

Zutaten für 2 Personen:

200 g TK-Spinat, gehackt | 1 Gemüsezwiebel | 1 kleine Knoblauchzehe | 1 EL Olivenöl | 3 große oder 4 kleine Eier | 150 g Mozzarella, gerieben | Salz und Pfeffer

Den Spinat auftauen lassen und gut ausdrücken. Zwiebel und Knoblauch schälen, fein hacken und in einer beschichteten Pfanne in Olivenöl andünsten. Den Spinat dazugeben, salzen und pfeffern.

Die Eier in einer Schüssel mit dem Mozzarella verrühren, salzen und pfeffern und die Masse über den Spinat in die Pfanne gießen. Bei schwacher Hitze ca. 10 Minuten stocken lassen. Die Frittata in Stücke schneiden und auf zwei Tellern anrichten.

Ausreichend trinken

Im stressigen Arbeitsalltag vergessen viele Menschen nur allzu leicht, genügend zu trinken. Die Folgen des Flüssigkeitsmangels machen sich schnell bemerkbar: Konzentration und Merkfähigkeit lassen spürbar nach. Denn nur wenn der Körper mit genügend Flüssigkeit versorgt ist, wird das Gehirn ausreichend durchblutet.

Achten Sie deshalb darauf, dass Sie täglich genügend Flüssigkeit, vor allem Wasser, trinken. Die Faustregel: Frauen sollten, je nach Größe und Körpergewicht, zwischen 1,5 und zwei Liter trinken, Männer zwischen zwei und 2,5 Liter.

Doch es gibt neben Wasser noch andere Getränke, die die Gehirnleistung sowohl kurz- als auch langfristig steigern können.

Kaffee: Lange Zeit galt Kaffee als Genussgift, dem viele schädliche Wirkungen – u.a. auf die Leber, den Kreislauf und den Magen – nachgesagt wurden. Vieles davon hat sich als falsch erwiesen. Nicht umsonst ist das im Kaffee enthaltene Koffein in vielen Medikamenten enthalten. Vor allem gilt Koffein als Muntermacher Nummer eins: Es wirkt stimulierend und steigert die Konzentration und Merkfähigkeit. Außerdem enthält Kaffee reichlich Antioxidantien, die die (Gehirn-)Zellen schützen. Bis zu drei Tassen Kaffee pro Tag dürfen Sie also unbesorgt genießen – und sogar zu Ihrer täglichen Flüssigkeitsbilanz hinzurechnen, denn auch die Behauptung, Kaffee entziehe dem Körper Flüssigkeit, ist mittlerweile von der Ernährungswissenschaft widerlegt.

Schwarztee: Die anregende und wach machende Wirkung von schwarzem Tee geht ebenfalls auf das darin enthaltene Koffein zurück (das man früher als Teein bezeichnete). Allerdings enthalten Teeblätter weniger Koffein als Kaffeebohnen, außerdem sorgen die im Tee enthaltenen Gerbstoffe dafür, dass der Organismus das Koffein langsamer aufnimmt. Die belebende Wirkung tritt daher im Vergleich zu Kaffee verlangsamt und abgeschwächt ein.

Tipp: Gingko – besser in Tropfen und Kapseln als in Tee
Seit Langem ist bekannt, dass die Inhaltsstoffe der Blätter des Gingkobaums *(Gingko bilboa)* die Gedächtnisfunktion erheblich verbessern können. Gingko fördert die Durchblutung und sorgt so dafür, dass das Gehirn mit reichlich Sauerstoff und Nährstoffen versorgt wird. Dennoch sollten Sie mit dem Genuss von Gingkotee vorsichtig sein. Im kochenden Wasser wird aus den Gingkoblättern Gingkolsäure freigesetzt, die die Magenschleimhaut reizen und sogar Allergien verursachen kann. Wenn Sie von der positiven Wirkung von Gingko profitieren wollen, wählen Sie statt Gingkotee besser Gingkopräparate in Form von Tropfen oder Kapseln.

Heiße Schokolade: In Kakaobohnen sind reichlich Flavonoide enthalten. Diese verbessern nicht nur die Durchblutung des Gehirns und damit das Konzentrationsvermögen, sondern begünstigen auch die Neubildung von Nervenzellen im Gehirn. Außerdem hat Kakao eine außerordentlich hohe antioxidative Wirkung. Mit einer Tasse heißer Schokolade tun Sie Ihrem Gehirn also nur Gutes!

Roter Traubensaft: In 100 Milliliter rotem Traubensaft können bis zu 0,11 Milligramm des Pflanzenstoffs Resveratrol enthalten sein, der wie die Flavonoide die Neurogenese ankurbeln kann. Der Resveratrolgehalt ist damit zwar deutlich niedriger als der von Trauben und Rotwein (der bis zu 1,5 Milligramm Resveratrol enthalten kann), doch gut für den Flow im Gehirn ist roter Traubensaft allemal.

Gesunder Darm, fitter Kopf

Dass Kaffee, Tee und Schokolade, ja sogar Wein (in Maßen getrunken) nicht nur erlaubte, sondern durchaus empfehlenswerte Genussmittel sind, bestätigt auch der Neurologe David Perlmutter in seinem Buch »Scheißschlau« (siehe die Literaturangabe im Anhang). Denn seiner Ansicht nach enthalten diese Nahrungsmittel die beste Naturmedizin zur Unterstützung der Darmbakterien. Der Autor zeigt anhand wissenschaftlicher Untersuchungen, dass eine gesunde Darmflora vor Konzentrationsproblemen schützen und für geistige Gesundheit sorgen kann. Wenn Sie also außer für Ihren Kopf auch etwas für Ihren Darm tun wollen, sollten Sie, so der Rat des Autors, neben Wasser und den genannten Getränken bevorzugt zu den folgenden Lebensmitteln greifen:

- **Probiotische Lebensmittel:** Unter einem Probiotikum versteht man eine Zubereitung aus lebenden Mikroorganismen (z.B. Milchsäurebakterien), die eine gesundheitsfördernde Wirkung auf den Darm haben. Zu den probiotischen Lebensmitteln gehören Kombucha (fermentierter Schwarztee), Kefir, Joghurt mit lebenden Kulturen, Sauerkraut, saure Gurken und sauer eingelegtes Obst und Gemüse – am bestens in Bioqualität.
- **Präbiotische Lebensmittel:** Präbiotika sind Nahrungsmittelbestandteile, die im oberen Teil des Verdauungstrakts nicht enzymatisch gespalten werden können. Sie gelangen unverdaut in den Dickdarm, wo sie als Substrat für die bakterielle Fermentation dienen und günstige Bakterienstämme in ihrem Wachstum fördern. Optimale Lieferanten für natürliche Präbiotika sind Knoblauch, Lauch, Spargel, Topinambur, Löwenzahnblätter (alle roh) sowie rohe und gekochte Zwiebeln.

9. Schöpferische Pausen

Akuter Stress hat bekanntlich eine spürbare Wirkung auf den Körper: Die Atmung wird flach und beschleunigt sich, das Sprechtempo erhöht sich, die Muskulatur spannt sich an, die Körperbewegungen werden hektisch und manchmal unkontrolliert. Und je mehr man sein Tempo erhöht, um einen bestehenden Arbeitsrückstand aufzuholen, desto mehr verstärken sich die Stresssymptome. Doch nicht nur körperliche Anzeichen machen sich bemerkbar. Stress und psychischer Druck hemmen auch die geistige Aufnahmefähigkeit, die Reaktions- und Merkfähigkeit ebenso wie die Kreativität. Dagegen lässt sich etwas tun: Eine gute Pausenkultur, Entspannungsübungen und ausreichender Schlaf tragen effektiv zur körperlichen und geistigen Regeneration bei.

Entspannen und loslassen

Was für die sportliche Leistungsfähigkeit gilt, trifft ebenso auf die geistige Fitness zu: Nur wer sich zwischendurch Erholungspausen gönnt, kann neue Kräfte tanken. Ähnlich, wie der Körper in den Ruhezeiten Muskelmasse aufbaut und sich so an neue sportliche Anforderungen anpasst, findet geistig-schöpferische Regeneration in den Phasen der Ruhe und Entspannung statt.

Aus der Hirnforschung wissen wir, dass Abschalten und Entspannen keineswegs mit Inaktivität des Gehirns gleichzusetzen sind. Im Gegenteil: Experten zufolge nutzt das Gehirn in einer Ruhepause – ähnlich wie im Schlaf – den Leerlaufmodus, um gerade Erlerntes oder Erlebtes zu verarbeiten und die Synapsen neu zu sortieren.[50] »Die Erholung ist die Würze der Arbeit«, sagte schon der griechische Philosoph Plutarch (45–120 n. Chr.). Geben Sie sich also zwischendurch guten Gewissens dem Nichtstun hin.

Have a break!

Jeder Mensch hat seine individuelle Leistungskurve, die er in seinem Arbeitsrhythmus berücksichtigen sollte. Bei den meisten Menschen kommt das erste Leistungshoch des Tages am Vormittag, das zweite am späten Nachmittag. Das erste Leistungstief erleben die meisten nach dem Mittagessen, das zweite am späten Abend beziehungsweise vor dem Schlafengehen.

Versuchen Sie, Ihre persönliche Leistungskurve möglichst genau zu ermitteln und Ihren Arbeitsplan sinnvoll danach einzurichten. Für anspruchsvolle Aufgaben sollten Sie das Leistungshoch nutzen, einfache Tätigkeiten und Routinearbeiten dagegen im Leistungstief erledigen. Am Tiefpunkt Ihrer Leistungskurve, direkt nach dem Mittagessen, bietet es sich überdies an, eine längere Pause einzulegen, die mindestens eine halbe Stunde dauern sollte. Versuchen Sie, in dieser Zeit ganz zur Ruhe zu kommen, vielleicht mithilfe einer Entspannungs-CD oder mit einer entspannenden Achtsamkeitsübung aus diesem Buch (Übung 55).

Tipp: Pause machen – mit Köpfchen

Eine Pause im Tagesablauf lässt sich ideal nutzen, um dem Gehirn etwas Gutes zu tun. Schaffen Sie dabei bewusst einen Ausgleich zu Ihrer Tätigkeit: Wenn Sie vorwiegend im Sitzen arbeiten, können Sie ein kleines Bewegungsprogramm absolvieren, zum Beispiel Gymnastikübungen machen, eine Lauf- bzw. Walkingrunde mit Denkaufgaben einlegen (siehe Übungen 48, 49 und 51) oder jonglieren (siehe Kapitel 3). Wenn Sie körperlich anstrengende Arbeit verrichten, setzen Sie sich in der Pause bequem hin und lösen Sie Denkaufgaben (siehe Kapitel 7). Fühlen Sie sich müde und erschöpft, können Sie mit einer Gleichgewichtsübung (siehe Übung 18) Ihren Geist wieder auf Touren bringen. Und in Stressphasen nutzen Sie die Pause am besten für eine entspannende Atemübung (siehe Übung 52).

Eine sorgfältige Pausenkultur ist für die geistige Leistungsfähigkeit von großer Bedeutung. Da konzentriertes Arbeiten, vor allem im Sitzen, nicht stundenlang durchzuhalten ist, sollten Sie neben der erwähnten längeren Mittagspause auch etwa alle 90 Minuten eine kurze Pause einlegen. Stehen Sie auf, strecken Sie sich kräftig und lockern Sie Ihre Arme und Beine. Wenn Sie mögen und die Umstände es erlauben, können Sie dazu Musik auflegen und ein paar Takte tanzen. Frische Luft tut ebenfalls gut: Treten Sie ans offene Fenster oder vor die Haustür und atmen Sie einige Male tief ein und aus. Schon nach wenigen Minuten fühlen Sie sich wieder frisch und leistungsfähig.

Den Stress wegatmen

Wie schon erwähnt, wirkt sich Stress unmittelbar auf die Atmung aus: Sie beschleunigt sich und führt durch vermehrtes Einatmen zu einem Stau in den Lungen. Es entsteht Atemnot, weil die Lungen keine frische, unverbrauchte Luft mehr aufnehmen können.

Falls Ihnen dieses Problem bekannt vorkommt, probieren Sie einmal die folgende Atemübung aus, mit der Sie bei akuten Stresssymptomen gezielt gegensteuern können. Praktischerweise lässt sich die Übung überall unauffällig anwenden, sie eignet sich also auch für kurze Zwischenpausen am Arbeitsplatz. Das Ziel besteht darin, den Luftstau in den Lungen zu lösen.

Übung 52: Beim Ausatmen pusten

Setzen Sie sich bequem hin und lockern Sie eng sitzende Kleidungsstücke, damit Sie ungehindert atmen können. Schließen Sie (sofern Sie ungestört sind) die Augen.

Holen Sie zunächst ganz normal Luft und atmen Sie anschließend betont langsam durch die locker geschlossenen Lippen aus. Stellen Sie sich dabei vor, dass Sie auf einen Teller heiße Suppe pusten. Setzen Sie diese Atmung so lange fort, bis Sie sich entspannt fühlen.

Ganz allgemein lohnt es sich, einmal bewusst darauf zu achten, wann und wie sich Stress und Hektik bei Ihnen bemerkbar machen: an Ihrer Atmung, Ihrem Sprechtempo, Ihren Bewegungen, Ihrer Denk- und Reaktionsfähigkeit. Sobald Sie in der Lage sind, bereits die ersten Anzeichen von Stress an sich wahrzunehmen, können Sie mit der folgenden Übung wirksam gegensteuern.

Übung 53: Dem Stress das Stoppschild zeigen

Wann immer Sie in Ihrem Alltag Stress in sich aufsteigen fühlen, nehmen Sie ein imaginäres Stoppschild zur Hand und formulieren Sie in Gedanken oder laut ein deutliches »Stopp!«. Unterbrechen Sie im selben Moment Ihre aktuelle Tätigkeit. Bleiben Sie sitzen oder stehen, wo auch immer Sie sich gerade befinden.

Schließen Sie die Augen und konzentrieren Sie sich auf Ihre Atmung: Holen Sie ganz normal Luft, ohne diesen Vorgang zu steuern, doch atmen Sie danach deutlich verlangsamt aus. Das Ausatmen sollte etwa doppelt so lange dauern wie das Einatmen.

Nach etwa zwei bis drei Minuten sollte sich Ihre Atmung beruhigt haben. Nun setzen Sie Ihre aktuelle Tätigkeit fort, doch achten Sie darauf, dass Sie alle Handlungen, einschließlich Gehen und Sprechen, betont langsam ausführen. Wenn sich Ihr Stress gelegt hat und Sie Ihr Tempo nicht mehr kontrollieren müssen, können Sie die Übung beenden.

Achtsamkeitsbasierte Stressreduktion

Ende der Siebzigerjahre des 20. Jahrhunderts entwickelte der US-amerikanische Medizinprofessor Jon Kabat-Zinn eine Methode, die unter dem Namen MBSR (Mindfulness-based Stress Reduction – Achtsamkeitsbasierte Stressreduktion) bekannt wurde. Sie wird heute nicht nur in den USA in zahlreichen Gesundheitseinrichtungen eingesetzt, sondern genießt auch bei uns zunehmend Anerkennung als wirksame Methode zur Stressbewältigung.

Beim Achtsamkeitstraining geht es darum, die Aufmerksamkeit ganz auf den jetzigen Augenblick zu richten, anstatt an vergangene oder zukünftige Ereignisse zu denken. Wahrzunehmen und anzunehmen, was ist, ohne es zu werten, darauf zielen die Übungen ab.

Achtsamkeit ist so gesehen im Grunde nichts anderes als Meditation. Doch was zunächst einfach klingt, ist für Ungeübte sehr schwierig: ganz im Hier und Jetzt zu sein. Im Alltag tun wir gewöhnlich genau das Gegenteil: Wir funktionieren und agieren meist automatisch, ohne uns dessen bewusst zu sein, was wir gerade erleben. Deshalb fällt es uns anfangs meist schwer zu meditieren, das heißt unseren Geist auf eine einzige Sache zu richten, ohne gedanklich abzuschweifen.

Mit der folgenden Übung[51] können Sie testen, wie es um Ihre Achtsamkeit bestellt ist, und (durch regelmäßige Anwendung) lernen, bei der Sache zu bleiben.

Übung 54: Betrachten, ohne abzuschweifen

Legen Sie ein beliebiges Bild, beispielsweise ein Tierfoto oder eine Landschaftsaufnahme, vor sich auf den Tisch. Stellen Sie eine Uhr (Wecker, Eieruhr, Handy) so ein, dass sie nach fünf Minuten klingelt. Sobald die Zeit läuft, richten Sie Ihre Aufmerksamkeit nur noch auf das Bild und betrachten es, ohne dabei an etwas anderes zu denken. Wenn Sie merken, dass Ihre Gedanken abschweifen, holen Sie sie zurück. Beim Klingelton der Uhr beenden Sie die Übung und notieren sich, wie oft Sie gedanklich abgeschweift sind.

Allein dieses Übungsbeispiel zeigt: Achtsamkeit ist eine Sache des Trainings. Doch der Aufwand lohnt sich. Regelmäßig angewendet, helfen die Achtsamkeitsübungen, im privaten und beruflichen Alltag schwierige Situationen besser zu meistern und gelassener mit belastenden Gefühlen und Stress umzugehen.

Die Beobachtung des Atems spielt auch hier eine wichtige Rolle, denn sie hilft, ganz ins Hier und Jetzt einzutauchen. Deshalb ist die Wahrnehmung des Atems oft Bestandteil komplexerer Achtsamkeitsübungen. Außerdem ist die Atmung ein geeignetes Hilfsmittel, um aus einer Übung in die Gegenwart zurückzukehren.

Auch bei der folgenden Übung ist die Beobachtung des Atems wichtig. Es handelt sich um eine Übung, die in akuten Stresssituationen schnell und wirksam Abhilfe schaffen kann.[52]

Übung 55: Stress mit Achtsamkeit begegnen

Wenn Sie merken, dass Sie sich in einer Stresssituation befinden, bleiben Sie stehen oder sitzen, wo immer Sie sich gerade befinden. Betrachten Sie als Erstes aufmerksam Ihre Umgebung. Zählen Sie im Geist zehn Dinge auf, die Sie sehen.

Schließen Sie nun die Augen und achten Sie auf die Laute und Geräusche, die Sie hören können. Wählen Sie davon erneut zehn Dinge aus, die Sie im Geist aufzählen.

Als Nächstes richten Sie Ihre Aufmerksamkeit auf das, was Sie an verschiedenen Stellen Ihrer Körperoberfläche spüren. Auch hierzu zählen Sie zehn Dinge auf.

Nun richten Sie Ihre Aufmerksamkeit auf den Atem. Beobachten Sie, wie er ein- und ausströmt. Spüren Sie die Luft am Naseneingang, in der Kehle, in der Luftröhre, in den Lungen. Legen Sie eine Hand auf Ihren Bauch, und nehmen Sie wahr, wie er sich beim Ein- und Ausatmen hebt und senkt.

Versuchen Sie nicht, Ihren Atem oder Ihre Gedanken zu kontrollieren. Nehmen Sie einfach wahr, was ist. Wenn Sie merken, dass Ihre Gedanken abschweifen, holen Sie sie behutsam zu Ihrem Atem zurück.

Zum Schluss öffnen Sie die Augen und strecken Ihren Körper. Nun können Sie sich mit mehr Ruhe wieder Ihrer aktuellen Tätigkeit widmen.

Im Prinzip kann man MBSR-Übungen allein erlernen, z.B. mithilfe einer Übungs-CD. Besser geht es allerdings unter persönlicher Anleitung. Deshalb ist die Teilnahme an einem mehrwöchigen MBSR-Kurs sehr zu empfehlen, der in der Regel von den Krankenkassen bezuschusst wird. Nähere Informationen dazu finden Sie auf der Website des MBSR-Verbands Deutschland: www.mbsr-verband.de.

Tipp: Statt zu denken, sich versenken
Nicht ohne Grund gelten die Begriffe Betrachtung oder Versenkung als Synonyme für Meditation. Wie wohltuend es ist, zwischendurch zu verweilen, alle Gedanken loszulassen und in eine Betrachtung zu versinken, hat wohl jeder schon an sich selbst erfahren: Wenn bei einer Zugfahrt der Blick über die vorüberziehende Landschaft gleitet, wenn wir bei einer Bergwanderung ein überwältigendes Panorama auf uns wirken lassen oder fasziniert beobachten, wie die untergehende Sonne den Horizont in ein warmes Rot taucht. Solche Momente, in denen wir nur wahrnehmen, ohne nachzudenken, können überaus erholsam sein. Gönnen Sie sich hin und wieder solche meditativen Denkpausen, in denen Sie neue Kräfte tanken. Wann immer Sie ein Motiv finden, das Sie zu einer Betrachtung einlädt – ein blühender Strauch, ein stattlicher Baum, eine Blumenwiese, Bienen beim Honigsammeln –, nehmen Sie sich einige Minuten Zeit dafür. Es ist im Grunde nichts anderes als eine Achtsamkeitsübung – jedoch ohne dass Sie das Gefühl haben, eine Übung (oder gar ein Pflichtprogramm) zu absolvieren. Danach können Sie frisch gestärkt zu Ihrem Tagesablauf zurückkehren.

Im Schlaf Erholung finden

Es ist bekannt, dass das Gehirn den nächtlichen Schlaf nutzt, um Informationen zu verarbeiten, die es tagsüber aufgenommen hat. Deshalb hat der altbekannte Rat, ein Problem eine Nacht zu überschlafen, seine Berechtigung. Tatsächlich findet sich nach dem Aufwachen oft eine Lösung, auf die man tags zuvor trotz intensiven Nachdenkens nicht gekommen wäre. Schlafforscher erklären dieses Phänomen damit, dass der Schlaf dem Gehirn Gelegenheit gibt, neue Informationen ins Langzeitgedächtnis zu übertragen.

Umgekehrt gilt es als erwiesen, dass sich durch Schlafmangel die Gehirnleistung merklich verschlechtert. Deshalb sollten Sie dafür sorgen, dass Sie ausreichend – aber nicht übermäßig lange – schlafen: Sieben bis acht Stunden Nachtruhe gelten als optimal.

Besonders die folgenden Tipps können Ihnen helfen, günstige Voraussetzungen für einen erholsamen Schlaf zu schaffen:

- Lassen Sie den Tag ruhig und entspannt ausklingen. Schalten Sie den Computer rechtzeitig aus, beenden Sie Ihre Arbeit und legen Sie guten Gewissens die Füße hoch.
- Machen Sie vor dem Schlafengehen einen Spaziergang an der frischen Luft.
- Treiben Sie regelmäßig Sport. Doch verzichten Sie am späteren Abend auf sportliches Training, denn das bringt Ihren Kreislauf in Schwung, anstatt den Organismus zur Ruhe kommen zu lassen.
- Verzichten Sie abends auf koffeinhaltige Getränke und genießen Sie Alkohol in Maßen. Denn auch wenn Bier und Wein beim Einschlafen helfen, sorgt Alkohol oft für nächtliches Aufwachen und beeinträchtigt damit den Schlaf.
- Vermeiden Sie störendes Licht im Schlafzimmer. Schlafforscher haben herausgefunden, dass der Einfall von Licht auf die Netzhaut des Auges die Bildung des körpereigenen Hormons Melatonin unterdrückt. Melatonin, das in der Zirbeldrüse des Zwischenhirns gebildet wird, steuert den Schlaf-wach-Rhythmus und ist insofern von großer Bedeutung für einen erholsamen Schlaf. Der Botenstoff hat außerdem eine starke antioxidative Wirkung und sorgt dafür, dass nachts im Schlaf Zellschäden repariert bzw. reduziert werden.
- Auch ein Wecker mit Leuchtziffern sollte nicht auf Ihrem Nachttisch stehen. Denn abgesehen vom störenden Licht set-

zen Sie sich nachts nur unnötig unter Druck, wenn Sie immer wieder die Uhrzeit kontrollieren.

- Wenn Sie – vielleicht schon seit mehreren Nächten – schlecht schlafen, versuchen Sie, nicht nervös zu werden. Mit Gedanken wie »Ich muss morgen unbedingt in Topform sein!« können Sie den Schlaf nicht herbeizwingen. Bleiben Sie möglichst ruhig. Das ist durchaus wörtlich gemeint: Anstatt sich von einer Seite auf die andere zu wälzen, halten Sie sich ganz still und versuchen Sie, an etwas Schönes zu denken, etwa an eine erfreuliche Erfahrung der letzten Zeit. Auch das ruhige Stillliegen hat einen gewissen Erholungswert, der Ihnen am nächsten Tag zugutekommt.

Tipp: Besser als Schafe zählen

Schafezählen gilt seit eh und je als Einschlafhilfe. Wobei es nach Meinung von Experten weniger auf die Schafe als auf das monotone (und damit ermüdende) Zählen ankommt. Wenn Sie beim Versuch, eine imaginäre Schafherde zu zählen, jedoch eher genervt sind, probieren Sie etwas anderes aus: Sofern Ihnen Denkaufgaben Freude machen und Entspannung bringen, nehmen Sie sich in schlaflosen Stunden einfach eine solche Aufgabe vor. Sehr gut eignen sich beispielsweise die Übungen 2, 49 oder 51, weil Sie damit Ihren Geist beschäftigen können, ohne Stift, Papier oder andere Hilfsmittel zu benötigen. Eine solche Übung lenkt Sie außerdem von Grübeleien ab.

Die Morgenseiten – ein gelassener Start in den Tag

Bevor Sie morgens nach dem Aufstehen in einen neuen Tag starten, sollten Sie eine Anregung der Kreativtrainerin Julia Cameron ausprobieren. Die Autorin empfiehlt in ihrem Buch »Der Weg des Künstlers« (siehe die Literaturangabe im Anhang), eine Zeit lang täglich Morgenseiten zu schreiben. Es geht darum, dass Sie jeden Morgen drei DIN-A4-Seiten mit Gedanken füllen, die Ihnen spontan in den Sinn kommen. Das Thema spielt dabei keine Rolle. Die Seiten sollten möglichst mit der Hand geschrieben werden, selbst wenn es mit dem Computer leichter geht. Denn beim Tippen auf der Tastatur neigen viele dazu, das Geschriebene sofort zu überprüfen und zu verbessern. Doch hier geht es nicht darum, schöne oder sprachlich anspruchsvolle Texte zu produzieren. Schreiben Sie stattdessen so schnell wie möglich, ohne innezuhalten. Das ist wichtig, denn Sie sollen nicht überlegen, sondern einfach dem Fluss Ihrer Gedanken folgen. Wenn Sie zwischendurch einen Hänger haben, macht das nichts. In diesem Fall wiederholen Sie einfach den zuletzt geschriebenen Satz oder schreiben mehrere Male einen »Füllsatz« wie: »Was geht mir gerade im Kopf herum?«, bis Ihre Gedanken wieder fließen. Selbst wenn Ihnen Ihre Texte noch so banal erscheinen mögen, versuchen Sie nicht, sie zu zensieren oder Ihre Gedanken zurückzuhalten. Niemand wird Ihre Seiten lesen. Sie können Sie nach dem Schreiben sofort vernichten, wenn Sie wollen.

Was diese Morgenseiten bringen: Sie verschaffen Ihnen vor allem einen Zugang zu Ihren Gefühlen. Sie können dadurch eine Art »Großreine« machen und all Ihre Sorgen, Ärgernisse und unguten Gefühle loslassen, bevor Sie in den Tag starten. So können Sie den Rest des Tages mit mehr innerer Ruhe, Gelassenheit und dem Blick aufs Wesentliche verbringen.

10. In bester Gesellschaft

Nichts regt den Geist so sehr an wie das soziale Miteinander. Im Umgang mit anderen Menschen gilt es, unermüdlich kommunikative Fähigkeiten zu üben, Mimik und Gestik, Gedanken und Gefühle zu deuten, auf andere einzugehen und umgekehrt sich selbst im Austausch mit anderen einzubringen. Der Mensch ist nun einmal ein geselliges Wesen. Er braucht Beziehungen zu Menschen, in deren Gesellschaft er sich wohlfühlt, damit er auflebt und sein Geist sich entfalten kann.

Unser Gehirn – ein geselliges Organ

»Die Neurowissenschaft hat herausgefunden, dass unser Gehirn als geselliges Organ konstruiert ist, das unweigerlich eine enge Verbindung mit dem Gehirn jeder Person aufnimmt, mit der wir es zu tun haben. [...] Je stärker wir einer Person emotional verbunden sind, desto stärker ist die gegenseitige Einwirkung.«[53] So schreibt der amerikanische Psychologe Daniel Goleman in seinem Buch »Soziale Intelligenz«. Nach seiner Auffassung spielen soziale Kontakte eine entscheidende Rolle für die Persönlichkeitsbildung. Wir sollten deshalb alles tun, um unsere sozialen Kompetenzen zu stärken.

Der Untertitel von Golemans Buch lautet: »Wer auf andere zugehen kann, hat mehr vom Leben«. Doch wir sollten nicht nur auf andere Menschen *zugehen*, sondern auch auf sie *eingehen*.

Hier kommt die Methode der Achtsamkeitsbasierten Stressreduktion ins Spiel, die Sie in Kapitel 9 kennengelernt haben. Sie kann nicht nur Stress reduzieren, sondern uns auch helfen, unsere sozialen Kompetenzen zu verbessern. Denn durch die Fähigkeit, uns selbst besser wahrzunehmen, können wir auch lernen, uns besser in andere hineinzuversetzen.

Eine zentrale Übung ist in diesem Zusammenhang das achtsame Zuhören. Es geht darum, dem Gesprächspartner bewusst und aufmerksam zuzuhören, ohne das Gesagte zu bewerten.[54]

Übung 56: Achtsam zuhören

Setzen Sie sich Ihrem Übungspartner, Ihrer Übungspartnerin gegenüber. Während er oder sie spricht, versuchen Sie zum einen, das Gehörte möglichst vollständig zu erfassen. Zum anderen richten Sie Ihre Aufmerksamkeit auf die Art und Weise, wie Sie zuhören: Verspüren Sie den Impuls, etwas anzumerken oder einen Einwand zu erheben? Warten Sie auf eine Gelegenheit, Ihre eigenen Gedanken zum Thema zu äußern. Oder beginnen Ihre Gedanken bei einem bestimmten Stichwort plötzlich abzuschweifen?

Wenn Ihr Gegenüber zu Ende gesprochen hat, geben Sie ihm Feedback, wie Sie seine Äußerungen verstanden haben. Danach soll Ihr Gesprächspartner Ihnen zurückmelden, ob er sich in Ihren zusammenfassenden Worten wirklich verstanden fühlt.

Zum aufmerksamen Zuhören gehört nicht zuletzt eine zugewandte Körpersprache: Nehmen Sie Blickkontakt mit Ihrem Gegenüber auf und zeigen Sie mit Ihrer Körperhaltung und Ihrem Gesichtsausdruck, dass Sie aufnahmebereit und ganz bei der Sache sind.

Plaudern und lachen

Nicht nur für Kinder sind soziale Kontakte von großer Bedeutung, auch im weiteren Leben spielen sie eine wichtige Rolle für die Persönlichkeitsbildung. Ob im Café, beim Spaziergang oder am Gartenzaun, überall finden Menschen Gelegenheit, miteinander zu plaudern. Das fördert nicht nur die geistige Beweglichkeit, sondern tut auch der Seele gut, vor allem, wenn Humor ins Spiel kommt, der die Beteiligten zum Lachen bringt.

Lachen wirkt sich ausgesprochen positiv auf das körperliche und seelische Wohlbefinden aus. Es regt den Stoffwechsel an, sodass vermehrt Glückshormone wie Serotonin und Endorphine ausgeschüttet werden. Das ist, nebenbei bemerkt, der Grund, warum wir uns nach einem herzhaften Lachen jedes Mal herrlich entspannt und erfrischt fühlen. Suchen Sie daher die Gesellschaft von Menschen, die Humor haben, und lassen Sie sich von ihrer Heiterkeit anstecken.

Umgekehrt sollten Sie ebenso darauf achten, welche Beziehungen Ihnen nicht (mehr) guttun. In solchen Fällen kann es ratsam sein, den Kontakt zu beenden. Denn Menschen, die Pessimismus und schlechte Laune verbreiten oder gar einen schädlichen Einfluss auf ihr Umfeld ausüben, rauben Ihnen (und Ihrem Gehirn) nur unnötig Energie.

Tipp: Anregende Tischgespräche

Jahrhundertelang legte man in vielen Kulturen Wert auf gepflegte Konversation bei Tisch. Auch der Philosoph Immanuel Kant (1724–1804) vertrat die Ansicht, allein am Tisch zu sitzen, sei nicht gut, und lud deshalb jeden Tag Gäste zu sich ein. Nicht zu wenige (mehr als drei) sollten es sein, aber auch nicht zu viele (weniger als zwölf), damit ein gutes Gespräch aufkommen und jeder an der Unterhaltung teilnehmen konnte. Kant verstand die Kunst der Konversation in der Tafelrunde: Er besaß einen natürlichen Witz, mit dem er seine Zuhörer fesseln konnte, war aber ebenso in der Lage, aufmerksam zuzuhören und die Gesprächsbeiträge anderer Teilnehmer anzuerkennen.

Heute ist die Tradition des Tischgesprächs nur noch selten anzutreffen. Doch was spricht dagegen, sie auf eigene Faust wieder zum Leben zu erwecken? Lassen Sie sich von Kants Vorbild inspirieren und laden Sie hin und wieder Gäste zu sich ein, mit denen Sie bei Tisch Gedanken und Erfahrungen austauschen, aber auch gemeinsam lachen können.

Die Freude am Spiel

»Spielen befreit, Spielen verbindet, Spielen ist Dünger für das Gehirn und Kraftfutter für Kinderseelen«, so lautet das unmissverständliche Credo, mit dem der Hirnforscher Gerald Hüther und der Philosoph Christoph Quarch auf die große Bedeutung des Spiels nicht nur für Kinder, sondern auch für Erwachsene hinweisen.[55] In ihrem Buch »Rettet das Spiel! Weil Leben mehr als Funktionieren ist« (siehe die Literaturangabe im Anhang) zeigen die beiden Autoren, wie das Gehirn zu Hochform aufläuft, wenn es spielerisch genutzt wird, und wie der Mensch – ob jung oder alt – beim Spielen Kreativität, Lebensfreude, Selbstvertrauen und Verbundenheit erfährt.

Kinder entwickeln sich spielend

Wer ein spielendes Kind beobachtet, sieht solche Aussagen bestätigt: Beim Spielen eignet sich ein Kind Fähigkeiten an, auf die es in seiner weiteren Entwicklung immer wieder zurückgreift. Beim Klettern, Rutschen, Springen, Schaukeln und Balancieren, beim Werfen, Fangen und Ballspielen trainiert es nicht nur spielerisch seine Sinneswahrnehmung, Geschicklichkeit und Körperkoordination, sondern entwickelt dabei auch ein gesundes Selbstvertrauen.

Auch die Fähigkeit zur Abstraktion entwickelt sich schon im Kleinkindalter. Zweijährige weisen im Als-ob-Spiel Gegenständen einfach eine neue Funktion zu: Da wird aus einem Holzbaustein ein Haus, ein Tisch, eine Bank oder ein Auto. Drei- und Vierjährige unterhalten sich mit Puppen und Gegenständen, als wären es Menschen, und denken sich immer neue Figuren aus, in deren Rolle sie hineinschlüpfen. So erschaffen sich Kinder mit spielerischer Leichtigkeit ihre eigene Fantasiewelt, in der sie völlig versinken. Vor allem im Rollenspiel mit anderen Kindern zeigt sich, wie viel Kreativität dabei ins Spiel kommt.

Besonders intensiv ist das Glückserlebnis, das dabei aufkommt: Ein spielendes Kind »versinkt« geradezu in einem Zustand, den der amerikanische Psychologe und Motivationsforscher Mihaly Csikszentmihalyi mit dem Begriff »Flow« beschrieben hat. Wer im Flow ist, verliert alles Zeitgefühl und findet Glück und Erfüllung in seinem Tun.

Wo gespielt wird, da lass dich nieder

Was spricht also dagegen, dass wir uns an den Kindern ein Beispiel nehmen und fröhlich spielen, wann immer sich die Gelegenheit dazu bietet? Spiele sorgen für ein zwangloses Miteinander und tragen zu einer fröhlichen Stimmung bei. Gemeinsames Spielen bringt aber auch die grauen Zellen auf Touren – viel effektiver als das einsame Lösen von Denkaufgaben. Denn beim Spielen mit Spielpartnern gibt es gewöhnlich Gewinner und Verlierer. Das macht die Sache nicht nur spannend, durch die Konkurrenzsituation ist auch das Gehirn gut gefordert.

Im Folgenden finden Sie eine Reihe von Spielvorschlägen[56], die kein oder nur wenig Material erfordern und sich außerdem meist gut abwandeln lassen. Spielen Sie nicht immer nach den gleichen Regeln, sondern wählen Sie gelegentlich eine Variante, bei der sich die Teilnehmer neue Strategien zurechtlegen müssen. Das gibt den grauen Zellen gut zu tun.

Spiel 1: Memory – einmal anders

Für zwei und mehr Spieler: Jeder Mitspieler erhält Stift und Papier. Dann werden etwa 15 Memory-Kärtchen oder Postkarten mit verschiedenen Motiven auf dem Tisch ausgelegt. Die Spieler haben eine halbe Minute Zeit, sich die Motive genau anzusehen und einzuprägen. Danach werden die Bilder mit einer Tischdecke oder einem Handtuch zugedeckt. Die Teilnehmer schreiben nun alle Motive auf, an die sie sich erinnern können. Wer die meisten richtig notiert hat, ist der Gewinner.

Um den Schwierigkeitsgrad zu steigern, kann man die Anzahl der Bilder erhöhen oder die Zeit zum Anschauen verkürzen.

Spiel 2: Dreierreihe

Für zwei Spieler: Auf ein Blatt Papier wird ein Spielfeld mit drei mal drei Kästchen gezeichnet. Die beiden Spieler wählen je einen Stift in unterschiedlicher Farbe und ein Symbol (üblicherweise ein X oder ein O) aus und setzen abwechseln ihr Symbol in ein Spielfeldkästchen ihrer Wahl. Wer als Erster drei Symbole in einer Reihe (waagrecht, senkrecht oder diagonal) gesetzt hat, hat gewonnen.

O		X
	X	
O		

Spiel 3: Eins – zwei – drei

Für zwei und mehr Spieler: Die Spieler zählen fortlaufend von eins bis drei, wobei bei jeder Zahl ein anderer Spieler an der Reihe ist: Spieler 1 sagt »eins«, Spieler 2 »zwei«, Spieler 3 »drei«, Spieler 4 »eins« usw. Die Zahlenreihe sollte dabei möglichst in gleichbleibendem Tempo und ohne Stocken aufgesagt werden.

Als Nächstes wird der Schwierigkeitsgrad gesteigert und die Zahl 1 durch ein Klatschen ersetzt: Spieler 1 klatscht, Spieler 2 sagt »zwei«, Spieler 3 sagt »drei«, Spieler 4 klatscht usw.

In den nächsten beiden Runden werden die Anforderungen weiter erhöht, indem erst die Zahl 2 durch ein Winken und schließlich die Zahl 3 durch ein Fingerschnippen ersetzt wird.

Spiel 4: Fünf – sechs – schnipp

Für drei und mehr Spieler: Die Spieler bilden einen Kreis und fangen, beginnend bei der Zahl 1, zu zählen an: Eins – zwei – drei – vier ... Dabei müssen sie darauf achten, dass sie keine Zahl nennen, die durch 7 teilbar ist (7, 14, 21, 28 ...) oder die eine 7 enthält (17, 27, ... 70, 71 ...). Statt die Zahl auszusprechen, wird mit dem Finger geschnippt. Wer versehentlich eine verbotene Zahl nennt, scheidet aus, wer zuletzt übrig ist, hat gewonnen.

Variante 1: Die Zahlen, die eine 7 enthalten oder durch 7 teilbar sind, werden laut ausgesprochen, doch bei der nachfolgenden Zahl wird die Spielrichtung gewechselt (vom Uhrzeigersinn in den Gegenuhrzeigersinn und umgekehrt).

Variante 2: Bei mehrstelligen Zahlen, die eine 7 enthalten, wird nur die 7 durch ein Schnippen ersetzt. Aus 71 wird dann »Schnippen, 1«, aus 107 »1, 0, Schnippen«.

Spiel 5: Wörterkette

Für vier und mehr Spieler: Ein Spieler überlegt sich ein zusammengesetztes Hauptwort und spricht es aus. Reihum muss nun jeder Mitspieler innerhalb von zehn Sekunden ein Wort finden, das mit dem zweiten Teil des vorangegangenen Begriffs beginnt. Wer das nicht schafft, bekommt einen Fehlerpunkt und startet mit einem neuen Wort in die nächste Runde. Gewinner ist, wer am Ende die wenigstens Fehlerpunkte hat. Beispiel:
Kaufhaus – Hausdach – Dachziegel – Ziegelstein – Steinmauer – Mauerwerk – Werkhalle ...

Variante: Als Ausgangsbegriff wird ein einfaches Hauptwort gewählt. Jeder Spieler, der an die Reihe kommt, muss dann einen passenden Begriff an das Wort anhängen. Beispiel:
Haus: Haustür – Hausdach – Hausschuh – Hausmann – Hausfriedensbruch – Haussegen – Haushalt ...

Spiel 6: Was ist geschehen?

Für vier und mehr Spieler: Ein Spieler schildert den anderen eine rätselhafte Situation wie in den folgenden Beispielen:

1. *Ein Mann verlässt freudestrahlend ein Gebäude und steigt in einen Zug. Als der Zug durch einen Tunnel fährt, erschießt sich der Mann. Was ist geschehen?*
2. *Ein Mann liegt im Bett und kann nicht schlafen. Er greift zum Telefon, lässt sich verbinden und fragt die Person, die sich meldet: »Ist da Herr XY?« Er bekommt die Antwort »Nein«, entschuldigt sich, legt auf und schläft beruhigt ein. Warum?*
3. *Eine Frau stirbt an einem sonnigen Tag. Hätte es an diesem Tag geregnet, wäre sie noch am Leben. Was ist passiert?*
4. *Obwohl er ihr einen dringenden Wunsch erfüllt hat, versucht sie, ihn umzubringen. Dafür ist er ihr unendlich dankbar. Warum?*

Um herauszufinden, was geschehen ist, sollen die Mitspieler Fragen stellen. Erlaubt sind nur solche Fragen, die sich mit Ja oder Nein beantworten lassen. Sobald ein Spieler die Antwort Nein erhält, darf der nächste weiterfragen. Wer als Erster die Lösung findet, hat gewonnen. (Lösungen im Anhang.[57])

Spiel 7: Doppeldeutig

Für vier und mehr Spieler: Zwei Spieler einigen sich auf einen Begriff mit doppelter Wortbedeutung, z.B. Fliege (Insekt, Krawattenart). Abwechselnd formulieren die beiden dann Aussagen über den Begriff:

Spieler 1: »Mein Wort kann ziemlich lästig sein.« – Spieler 2: »Mit meinem Wort bekleiden sich Männer.« – Spieler 1: »Mein Wort vermehrt sich im Sommer stark.« – Spieler 2: »Mein Wort passt nicht zu Rollkragenpullis.«

Wer von den Mitspielern den Begriff als Erster errät, hat gewonnen. (Weitere Begriffe im Anhang.[58])

Spiel 8: Wer bin ich?

Für vier und mehr Spieler: Jeder Mitspieler schreibt den Namen einer bekannten Person auf ein Stück Papier und befestigt den Zettel am Rücken seines Nachbarn. Nun muss jeder Spieler durch Fragen herausbekommen, wessen Namen er auf dem Rücken trägt. Erlaubt sind nur Fragen, die sich mit Ja oder Nein beantworten lassen. Beispiele:

Ist die Person weiblich? – Lebt sie noch? – Ist sie Amerikanerin? – Ist sie Künstlerin? ...

Erhält ein Spieler die Antwort Nein, darf der nächste weiterfragen. Wer als Erster »seinen« Namen errät, hat gewonnen.

Spiel 9: Kettenbrief

Für sechs und mehr Spieler: Die Spieler stehen oder sitzen hintereinander in einer Reihe. Der Letzte in der Reihe »schreibt« seinem Vordermann mit dem Finger einen kurzen Satz in Druckbuchstaben auf den Rücken. Dieser versucht das Wort zu entziffern und gibt die Information an die Person vor sich weiter. Die erste Person in der Reihe verkündet schließlich die Nachricht, die bei ihr angekommen ist.

Ein Wort zum Schluss

»Use it or lose ist« (»Benutze es oder verliere es«), lautet eine amerikanische Redewendung. Damit ist gemeint: Alle Fähigkeiten, die wir uns einmal angeeignet haben, aber nicht regelmäßig üben, verkümmern mit der Zeit. Das trifft nicht nur auf die körperliche Fitness zu, sondern ebenso auf die geistige. Denn unser Gehirn braucht genau wie unser Körper lebenslang regelmäßige Trainingsreize – nicht erst im Alter!

Wie Sie aus diesem Buch erfahren haben, können Sie jenseits von Denksportaufgaben oder Gehirnjoggingübungen vielerlei Möglichkeiten nutzen, um Ihren Geist in Bestform zu bringen:

- Bewegen Sie sich ausreichend.
- Trainieren Sie Ihre Sinne.
- Lernen Sie ständig Neues dazu.
- Gönnen Sie sich Ruhe und Entspannung.
- Ernähren Sie sich clever.
- Üben Sie Ihr sprachliches Ausdrucksvermögen.
- Pflegen Sie soziale Kontakte.

Dabei sollte Ihr persönliches Trainingsprogramm möglichst viele der genannten Bereiche abdecken, es müssen aber nicht unbedingt alle sein. Doch welche Anregungen Sie auch immer in die Tat umsetzen: Gehen Sie Ihr Gehirntraining spielerisch an! Denn wie bereits in Kapitel 2 gesagt wurde: Nicht eiserne Disziplin oder verbissener Ernst, sondern Neugier, Experimentierlust und spielerische Leichtigkeit sind das Zaubermittel, mit dem wir unseren Geist beweglich und fit und unser Denken jung erhalten können!

Der US-amerikanische Arzt und Schriftsteller Oliver Wendell Holmes (1809–1894) hat das einmal mit einem schönen Wort auf den Punkt gebracht: »Menschen hören nicht auf zu spielen, weil sie alt werden, sie werden alt, weil sie aufhören zu spielen.«

Anhang

Anmerkungen

1 Vgl. Engeln, Henning (2015): Die verblüffende Reserve in unserem Kopf. In: Jung im Kopf! GEO kompakt Nr. 44, 2015, S. 30–31.

2 Vgl. Ericsson, Karl Anders; Pool, Robert (2016): Top: Die neue Wissenschaft vom bewussten Lernen. Pattloch, München, S. 59–66.

3 Vgl. EClipSE Collaborative Members (2010): Education, the brain and dementia: Neuroprotection or compensation? In: Brain Nr. 133, 2010, S. 2210–2216. http://brain.oxfordjournals.org/content/brain/133/8/2210.full.pdf [Zugriff: 13.3.2017].

4 Vgl. Harf, Rainer; Weiß, Bertram (2015): »Wie können wir auch im Alter geistig fit bleiben, Herr Professor Roth?« In: Jung im Kopf! GEO kompakt Nr. 44, 2015, S. 25.

5 Vgl. Singh, A., et al. (2012): Physical activity and performance at school: A systematic review of the literature including a methodological quality assessment FREE. In: Arch Pediatr Adolesc Med. Nr. 166.1, 2012, S. 49–55.

6 Vgl. Kleppel, Hans-Christian (2016): Auswirkungen körperlicher Aktivität auf die kognitive Leistungsfähigkeit: Wie beeinflussen Sportfechten und le Parkour die Konzentrationsfähigkeit bzw. Kreativität von Studierenden? Dissertation, Fakultät für Geistes- und Sozialwissenschaften des Karlsruher Instituts für Technologie (KIT), S. 144f. http://d-nb.info/1093559314/34 [Zugriff: 5.4.2017].

7 Vgl. Steves, C. J., et al. (2016): Kicking back cognitive ageing: Leg power predicts cognitive ageing after ten years in older female twins. In: Gerontology Nr. 62, 2016, S. 138–149.

8 Vgl. Deutscher Turner-Bund (Hg.) (2013): Gehirntraining durch Bewegung. Meyer & Meyer, Aachen, S. 79.

9 Vgl. Maass, Anne, et al. (2014): Vascular hippocampal plasticity after aerobic exercise in older adults. In: Molecular Psychiatry Nr. 20.5, 2015, S. 585–593.

10 Vgl. Witte, Felicitas (2013): »Hirnjogging am Computer kann man sich sparen.« Interview mit dem Neurowissenschaftler Lutz Jäncke. In: Süddeutsche Zeitung. SZ.de, 1.6.2013, http://www.sueddeut-

sche.de/karriere/gedaechtnistraining-hirnjogging-am-computer-kann-man-sich-sparen-1.1684701 [Zugriff: 13.3.2017].

11 Vgl. Briseñö, Cinthia (2019): Pause macht produktiv. In: Spiegel Online, 23.7.2013. http://www.spiegel.de/wissenschaft/mensch/hirnforschung-pause-macht-produktiv-a-707465.html [Zugriff: 13.3.2017].

12 Vgl. GEO kompakt Nr. 44, 2015: Jung im Kopf! S. 14, 16, 19, 21, 25ff., 52.

13 Vgl. Goetz, Maya (2010): »Lernen mit Begeisterung«. Ein Gespräch mit Prof. Dr. Gerald Hüther. In: Televizion 23/2010, S. 4–5.

14 Vgl. Hüther, Gerald (2011): Lernen mit Begeisterung. Ein Plädoyer für eine neue Lernkultur. In: Loccumer Pelikan 4/2011, S. 153–155.

15 Vgl. Koshofer, Gert (2009): Klick, surr – und fertig ist das Foto – Zum 100. Geburtstag von »Mr. Polaroid« Edwin H. Land. In: Kölnische Rundschau 104/2009. Im Internet veröffentlicht bei foto-intern.ch. http://www.fotointern.ch/archiv/2009/05/16/erinnerung-an-einen-genialen-erfinder-dr-edwin-land [Zugriff: 13.3.2017].

16 Vgl. Deutscher Turner-Bund (Hg.) (2013): Gehirntraining durch Bewegung. Meyer & Meyer, Aachen, S. 26f.

17 Vgl. Der Lohn der Anstrengung. In: Jung im Kopf! GEO kompakt Nr. 44, 2015, S. 14.

18 Vgl. Varga-Kunz, Simone (2015): Der Trainingsplan für Ihr Leben! Sport macht schlau! In: FOCUS Magazin Nr. 25, 2015. http://www.focus.de/gesundheit/gesundleben/der-trainingsplan-fuer-ihr-leben-sport-macht-schlau_id_4728925.html [Zugriff: 13.3.2017].

19 Die Übungen 6 bis 9 basieren, in abgewandelter Form, auf folgender Quelle: http://www.trainingzuhause.de/muskel-training. Auf dieser Webseite können Sie neben grundlegenden Hinweisen für richtiges Training noch andere Kräftigungsübungen für zu Hause finden.

20 Vgl. Schiftan, Maja, et al. (2012): Erfüllt die Audio-Psycho-Phonologie nach A. Tomatis die Kriterien der Wirksamkeit, Zweckmässigkeit und Wirtschaftlichkeit? In: Schweizerische Zeitschrift für Ganzheitsmedizin Nr. 24, 2012, S. 316–366.

21 Diese und die zwei nachfolgenden Übungen (Dreieck und Kreis / Tanzende Tücher) basieren, in abgewandelter Form, auf folgender Quelle: Mommert-Jauch, Petra; Jauch, Janina (2015): Gehirn-Training durch Bewegung. 2. Aufl. BLV, München, S. 48f.

22 Vgl. Wigand, Bernd (2016): Life Kinetik® – Gehirntraining im Schulsport. In: Regierungspräsidium Karlsruhe, Abteilung Schule und Bildung, Fachbereich Sport (Hg.): INFO Fachbereich Sport. Ausgabe 2016, Heft 44, S. 17.

[23] Die Übungen 22 bis 24 basieren, in abgewandelter Form, auf folgender Quelle: Lutz, Horst (2010): Life Kinetik® – Gehirntraining durch Bewegung. BLV, München, S. 64ff.

[24] Vgl. Ayan, Steve (2012): Macht Musik intelligent? Interview mit Prof. Eckart Altenmüller. In: Spektrum.de, 11.5.2012. www.spektrum.de/news/macht-musik-intelligent/1151099 [Zugriff 13.3.2017].

[25] Vgl. ebd.

[26] Vgl. Die Welt (2007): Musizieren verändert das Gehirn – zum Guten. In: WELT.de, 4.9.2007. www.welt.de/wissenschaft/article 1156247/Musizieren-veraendert-das-Gehirn-zum-Guten.html [Zugriff: 13.3.2017].

[27] Vgl. Jäncke, Lutz (2008): Macht Musik schlau? Neue Erkenntnisse aus den Neurowissenschaften und der kognitiven Psychologie. Hans Huber, Bern, S. 412–413.

[28] Vgl. Kattenstroth, Jan-Christoph, et al. (2013): Six months of dance intervention enhances postural, sensorimotor, and cognitive performance in elderly without affecting cardio-respiratory functions. In: Front. Aging Neurosci., 26. Feb. 2013.
http://dx.doi.org/10.3389/fnagi.2013.00005 [Zugriff: 13.3.2017].

[29] Vgl. Kreutz, Gunter (2014): Aufforderung zum Tanz. In: Gehirn und Geist 3/2014, S. 70ff.

[30] Vgl. Rainprechter, Kilta; Roggenbuck, Stephan: TANZKLASSE! am Goethe – das Konzept. https://goegy.de/index.php/schulleben-3/tanz-klasse/1912-bewegte-klasse-am-goethe-das-konzept [Zugriff: 13.3.2017].

[31] Twain, Mark (2009): Die schreckliche deutsche Sprache / The Awful German Language. Nikol, Hamburg.

[32] 1. »Originelle Bemerkung – nicht schlecht für einen Mann (... nicht schlecht für eine Frau)!« 2. »Muss er nicht, er kann genauso gut XY sagen.« 3. »Daran wirst du dich gewöhnen müssen.« 4. »Ja sicher, das ist meine Lieblingsfarbe!« 5. »Gratuliere, du bist der Erste, dem das auffällt!« 6. »Keine Panik, das ist nicht ansteckend.« 7. »Nein, ich bin schon vor zwei Stunden gegangen!«

[33] Die Übungen 28, 29, 30 und 32 basieren, in abgewandelter Form, auf folgender Quelle: Frick-Salzmann, Annemarie (2014): Geistig vital. 110 Denkübungen. Springer, Berlin, S. 115, 121, 33, 39.

[34] Gabriel lacht über Corinnas Komik.

[35] 1. Es kam aus heiterem Himmel. 2. Ich bin im siebten Himmel. 3. Das schreit/stinkt zum Himmel. 4. Dich schickt der Himmel. 5. Dem Himmel sei Dank! 6. Er holt ihr die Sterne vom Himmel.

7. Der Himmel öffnet seine Schleusen. 8. Er fürchtet weder Himmel noch Hölle.

36 Wer glaubt, etwas zu sein, hat aufgehört, etwas zu werden.

37 Mitten in der Nacht klingelt es an der Tür des Landarztes. Draußen steht ein Mann und fragt: »Wie viel kostet ein Krankenbesuch auf meinem Bauernhof, ungefähr fünf Kilometer von hier?« »25 Euro«, antwortet der Arzt. »Gut, kommen Sie so schnell wie möglich!« Der Arzt holt seine Tasche und fährt mit dem Mann zum Bauernhof. Der Mann bedankt sich, bezahlt und will aussteigen. »Wo ist der Kranke?«, fragt der Arzt. »Den gibt es nicht. Ich konnte nur um diese Zeit einfach kein Taxi mehr auftreiben.«

38 Aus: Kafka, Franz (2012): Der Prozess. Anaconda, Köln, 2012, S. 5.

39 »Ohrwurm und Taube«. Aus: Joachim Ringelnatz: Gesammelte Werke. Anaconda, Köln, 2015, S. 82.

40 *Der Funke*
Es war einmal ein kleiner Funke. / Das war ein großer Erzhalunke. / Er sprang vom Herd und wie zum Spaß / Gerade in ein Pulverfass. / Das Pulverfass, das knallte sehr; / Da kam sofort die Feuerwehr / Und spritzte dann mit Müh und Not / Das Feuer und das Fünkchen tot.
Ein Schutzmann
Ein Schutzmann wurde plötzlich krank / Und setzte sich auf eine Bank. / Dort saß bereits ein Stachelschwein. / Der Schutzmann setzte sich hinein. / Da schrie er: »Au!« und schrie er: »Oh!« / Und kratzte sich an dem Po-lizeihelm.
Aus: Ringelnatz, Joachim (2015): Gesammelte Werke. Anaconda, Köln, S. 20 und 47.

41 Der ehemalige neunte Planet Pluto zählt seit 2006 zu den Kleinplaneten.

42 Die Übungen 41 bis 43 basieren, in abgewandelter Form, auf folgender Quelle: https://www.logisch-gedacht.de/logikraetsel.

43 Da die Dichte (das spezifische Gewicht) der Kartoffel höher ist als die des Wassers, verdrängt sie mit ihrem Gewicht an Bord mehr Wasser als mit ihrem Volumen im Wasser. Folglich sinkt der Wasserspiegel, wenn die Kartoffel in den See geworfen wird.

44 Die erste Zündschnur wird nur an einem Ende angezündet, die zweite an beiden. Wenn die zweite Zündschnur abgebrannt ist, ist genau eine halbe Stunde vergangen. Nun wird die erste Zündschnur auch an der anderen Seite angezündet. Wenn diese abgebrannt ist, ist eine Viertelstunde vergangen.

45 Die richtige Antwort ist die Anzahl der Buchstaben, aus der sich die genannte Zahl zusammensetzt: 28 hat 14 Buchstaben etc.

46 Die Tonne wird durch die Diagonale zwischen Bodenrand und dem oberen Rand der Tonne halbiert. Sie muss daher gekippt werden, um sehen zu können, ob sie halb voll ist. Läuft das Wasser aus, bevor man den Bodenrand sieht, ist die Tonne mehr als halb voll. Beginnt das Wasser gerade auszulaufen, wenn der Bodenrand sichtbar wird, ist die Tonne genau halb voll. Läuft das Wasser erst aus, wenn schon ein Teil des Bodens zu sehen ist, ist die Tonne weniger als halb voll.

47 Bau – Tag – Amt
Haut – Auge – Boot
Monat – Glanz – Beute
Falter – Fleisch – Bürste
Branche – Galerie – Biologe
Ergebnis – Wortsinn – Direktor

48 Vgl. Elbers, Mascha (2015): Nahrung für neue Nervenzellen. In: Gehirn und Geist Nr. 2, 2015, S. 58–65.

49 Vgl. ebd.

50 Vgl. Briseño (2010): Pause macht produktiv.

51 Die Übung basiert, in abgewandelter Form, auf folgender Quelle: Kotsou, Ilios (2016): Das kleine Übungsheft Achtsamkeit. 6. Aufl. Trinity Berlin/München, S. 22.

52 Die Übung basiert, in abgewandelter Form, auf folgenden Quellen: http://www.achtsamkeit-lernen.de/achtsamkeit-uebungen/achtsamkeit-gegen-akuten-stress-und-sorgen/index.php;
Kotsou (2016): Das kleine Übungsheft Achtsamkeit, S. 20.

53 Goleman, Daniel (2008): Soziale Intelligenz. Wer auf andere zugehen kann, hat mehr vom Leben. Knaur, München, S. 9.

54 Die Übung basiert, in abgewandelter Form, auf folgender Quelle: Kotsou (2016): Das kleine Übungsheft Achtsamkeit, S. 22.

55 Vgl. Hüther, Gerald; Quarch, Christoph (2016): Rettet das Spiel! Weil Leben mehr als Funktionieren ist. Carl Hanser, München, S. 186.

56 Die Spiele 1 bis 5 basieren, in abgewandelter Form, auf folgender Quelle: http://www.spielewiki.org/wiki/Hauptseite. Dort finden Sie viele weitere Spielvorschläge.

57 1. Der Mann kam aus einer Augenklinik, er konnte nach einer OP wieder sehen. Als es im Tunnel dunkel wurde, dachte er, er sei wieder blind, und brachte sich um.
2. Der Mann ist im Hotel und wird durch lautes Schnarchen aus dem Nebenzimmer am Einschlafen gehindert. Er weckt den Schnarcher mit einem Anruf und kann endlich einschlafen.

3. Die Frau durchquerte eine Steppe, in der es wochenlang nicht geregnet hatte. Dabei warf sie eine leere Glasflasche weg, die wie ein Brennglas wirkte und die Steppe in Brand setzte.
4. Nachdem der Froschkönig der Prinzessin die goldene Kugel aus dem Brunnen geholt hat, schleudert sie ihn an die Wand und er verwandelt sich in einen Prinzen.

58 Bank (Sitzgelegenheit, Geldinstitut) – Bauer (Landwirt, Vogelkäfig) – Ente (Vogel, Falschmeldung) – Heide (Landschaft, Ungläubiger) – Laster (LKW, schlechte Angewohnheit) – Pass (Ausweis, Gebirgsübergang) – Stock (Stab, Etage) – Toast (Weißbrot, Trinkspruch) – Wanze (Insekt, Abhörgerät)

Literatur

Bücher

Beck, Frieder (2014): Sport macht schlau. Mit der Hirnforschung zu geistiger und körperlicher Höchstleistung. Goldegg, Berlin.

Cameron, Julia (2009): Der Weg des Künstlers. Ein spiritueller Weg zur Aktivierung unserer Kreativität. KNaur TB, München.

Csikszentmihalyi, Mihaly (2014): Flow. Das Geheimnis des Glücks. 17. Aufl., Klett-Cotta, Stuttgart.

Endres, Peter M.; Hüther, Gerald (2014): Lernlust. Worauf es im Leben wirklich ankommt. Murmann, Hamburg.

Ericsson, K. Anders; Pool, Robert (2016): Top: Die neue Wissenschaft vom bewussten Lernen. Pattloch, München.

Frick-Salzmann, Annemarie (2014): Geistig vital. 110 Denkübungen. Springer, Berlin.

Funcke, Amelie; Rachow, Axel (2016): Die Fragen-Kollektion. Was ist Ihre Lieblingsfrage? Einfache und raffinierte Fragen für Moderation und Training. 2. Aufl. managerSeminare, Bonn.

Goleman, Daniel (2008): Soziale Intelligenz. Wer auf andere zugehen kann, hat mehr vom Leben. Knaur, München.

Hüther, Gerald (2016): Mit Freude lernen – ein Leben lang. Vandenhoeck & Ruprecht, Göttingen.

Hüther, Gerald; Quarch, Christoph (2016): Rettet das Spiel! Weil Leben mehr als Funktionieren ist. Carl Hanser, München.

Jäncke, Lutz (2008): Macht Musik schlau? Neue Erkenntnisse aus den Neurowissenschaften und der kognitiven Psychologie. Hans Huber, Bern.

Kahn, René (2016): Mein Gehirn und ich. 10 Gebote für eine gute Zusammenarbeit. Patmos, Ostfildern.

Kasten, Erich (2014): Progressives Gedächtnis- und Konzentrationstraining. Borgmann, Dortmund.

Kotsou, Ilios (2016): Das kleine Übungsheft Achtsamkeit. 6. Aufl. Trinity, München.

Kreutz, Gunter (2014): Warum Singen glücklich macht. Psychosozial-Verlag, Gießen.

Lutz, Horst (2010): Life Kinetik® – Gehirntraining durch Bewegung. BLV, München.

Mommert-Jauch, Petra; Janina Jauch (2015): Gehirn-Training durch Bewegung. 2. Aufl. blv, München.

Munroe, Randall (2014): What if? Was wäre, wenn? Wirklich wissenschaftliche Antworten auf absurde hypothetische Fragen. Albrecht Knaus, München.

Perlmutter, David (2016): Scheißschlau. Wie eine gesunde Darmflora unser Hirn fit hält. Mosaik, München.

Ratey, John J.; Hageman, Eric (2013): Superfaktor Bewegung: Das Beste für Ihr Gehirn! 2. Aufl. VAK, Kirchzarten.

Spitzer, Manfred (2002): Lernen. Gehirnforschung und die Schule des Lebens. Spektrum Akademischer Verlag, Heidelberg.

Spitzer, Manfred (2014): Rotkäppchen und der Stress. Schattauer, Stuttgart.

Steininger, Rita (2015): Das kleine Tu-dir-gut-Buch. Für Frauen in der Lebensmitte. Patmos, Ostfildern.

Sturm, Friederike (2016): Geistig Fit. Aufgabensammlung 2016. Übungen für mehr geistige Fitness. Vless, Ebersberg.

Suzuki, Wendy; Fitzpatrick, Billie (2015): Fittes Gehirn, erfülltes Leben. Mit neuesten Erkenntnissen der Neurowissenschaften. Goldmann, München.

Voßkühler, Adrian (2016): Jonglieren. Vom Anfänger zum Könner. Nikol, Hamburg.

Zeitschriften

Gehirn und Geist 10/2013: Titelthema: Besser lernen. Spektrum der Wissenschaft, Heidelberg.

Gehirn und Geist 3/2014: Titelthema: Wie wir denken. Spektrum der Wissenschaft, Heidelberg.

Gehirn und Geist 8/2014: Titelthema: Kreativ denken. Spektrum der Wissenschaft, Heidelberg.

Gehirn und Geist 2/2015: Titelthema: Hirnforschung der Zukunft. Spektrum der Wissenschaft, Heidelberg.

GEO kompakt Nr. 44 (2015): Jung im Kopf! Wie wir geistig frisch bleiben. Gruner + Jahr, Hamburg.

Audio-CDs

Hüther, Gerald (2008): Wie man sein Gehirn optimal nutzt. Audio-CD. 2 CDs. Auditorium Netzwerk, Müllheim-Baden.

Spitzer, Manfred; Herschkowitz, Norbert (2011): Wie Erwachsene denken und lernen. Audio-CD. 3 CDs. Galila, Etsdorf am Kamp.

Turecek, Katharina (2015): Gehirnspaziergang. Schritt für Schritt geistig fit. Audio-CD. a-head, Wien.

Links

Online-Denkspiele, die kostenlos und ohne Anmeldung verfügbar sind, findet man u.a. hier:

www.gehirn-trainieren.de
Gedächtnistraining

www.gehirntraining-woerter.de
Gedächtnistraining mit Wörtern

www.gehirntraining-zahlen.de
Gedächtnistraining mit Zahlen

www.quizarchiv.de
Allgemeinwissen, Denksport, Sprache, Mathematik, Themenquiz

Übungsprogramme des Deutschen Turnerbundes werden hier angeboten:

www.dtb-online.de/portal/gymcard/meine-gymwelt/ratgeber-gesundheit.html

Verzeichnis der Übungen

Verzeichnis der Spiele

Verzeichnis der Rezepte

Dank

Ein herzlicher Dank geht an meine Flamenco-Lehrerin Silvia Marival: Mit ihrem mitreißenden Tanzunterricht, der mich (und meine grauen Zellen) ordentlich auf Trab hält, hat sie mich auf die Idee zu diesem Buch gebracht. Kristina Henry danke ich für ihren Hinweis auf das Regensburger Schulprojekt »Tanzklasse!« (Kapitel 5) und meinem Schwager Ludwig Steininger für seine kompetente Beratung zum Thema Ernährung (Kapitel 8). Und wie immer geht mein Dank an Christiane Neuen vom Patmos Verlag für die bewährte gute Zusammenarbeit.